Dashboarding and Reporting with

Power Pivot and Excel

How to Design and Create a Financial
Dashboard with Power Pivot -End to End

用Power Pivot和Excel
创建仪表板和财务分析报告

卡斯珀·德·容格（Kasper de Jonge）著

刘凯 杜美杰 译

中国财经出版传媒集团

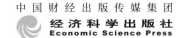

经济科学出版社
Economic Science Press

图书在版编目（CIP）数据

用 Power Pivot 和 Excel 创建仪表板和财务分析报告/
（美）卡斯珀·德·容格（Kasper de Jonge）著；刘凯，
杜美杰译．—北京：经济科学出版社，2017.1
ISBN 978 – 7 – 5141 – 7373 – 4

Ⅰ.①使…　Ⅱ.①卡…②刘…③杜…　Ⅲ.①表处理
软件 – 应用 – 财务管理　Ⅳ.①F275 – 39

中国版本图书馆 CIP 数据核字（2016）第 252539 号

图字：01 – 2016 – 2558
责任编辑：周国强
责任校对：靳玉环
责任印制：邱　天

用 Power Pivot 和 Excel 创建仪表板和财务分析报告
卡斯珀·德·容格（Kasper de Jonge）　著
刘　凯　杜美杰　译
经济科学出版社出版、发行　新华书店经销
社址：北京市海淀区阜成路甲 28 号　邮编：100142
总编部电话：010 – 88191217　发行部电话：010 – 88191522
网址：www. esp. com. cn
电子邮件：esp@ esp. com. cn
天猫网店：经济科学出版社旗舰店
网址：http://jjkxcbs. tmall. com
北京汉德鼎印刷有限公司印刷
三河市华玉装订厂装订
880×1230　16 开　12.5 印张　350000 字
2017 年 3 月第 1 版　2017 年 3 月第 1 次印刷
ISBN 978 – 7 – 5141 – 7373 – 4　定价：56.00 元
（图书出现印装问题，本社负责调换。电话：010 – 88191510）
（版权所有　侵权必究　举报电话：010 – 88191586
电子邮箱：dbts@ esp. com. cn）

读者反馈

　　本书是一本工具书，也是市面上第二本关于 Power Pivot 的中文书籍，作者将手把手向你展示如何完成 Excel 仪表板和交互式报告的制作。值得一提的是，想要掌握书中的 DAX 公式，你需要具备一定的 DAX 基础知识。本书适合财务分析从业者和对 Excel 仪表板制作有兴趣的分析师阅读，读完这本书你将学到：仪表板美化知识、建立财务分析模型的技巧、妥善处理报告中的细节、图表可视化建议。

——Power BI 极客　**高飞**

　　本书虽然不是一本夯实介绍 DAX 的书籍，但是通过主人公吉姆为我们一点点铺开，将 DAX 入门原理以及常用的 DAX 函数融入实际财务案例中，让我们能够一点点去领略 DAX 的精髓。本书最后又为我们提供了 Excel 商务智能套件及 Power BI 可视化的相关实操案例。本书实属不可多得的 DAX 中文系列经典。

——Power BI 达人　**雷公子**

　　这是一本具备高度实用价值，而且读起来充满乐趣的书。随着本书主角吉姆所面临到的挑战，读者也一步步掌握了 Excel 和 Power Pivot 的技巧，能够独立设计出适合自己产业的经营分析仪表板。不只是财会专业人员，推荐给所有希望在工作中发挥"数据影响力"的朋友们！

——台湾读者　**Jamie Tsai**

　　每个企业都储存了大量数据资源，如何洞察数据间内在联系，如何方便快捷使用这些数据进行财务分析并制作仪表板呢？只要您跟随本书主人公吉姆的脚步，慢慢进入 Power Pivot 的世界，便可寻得您的答案。极力将本书推荐给奋战在财务一线的"表哥""表妹""表叔""表婶"们，拥有此书，便可升级为"表侠"啦！

——Power BI 痴迷者　**小鞠**

　　虽然书名是财务分析，但是内容并没有印象中财务里那些让人望而生畏的术语。作为一个刚入数据分析大门的小白，看到书中大到标准分析流程的演示，小到计算公式的剖析，反复阅读理解，总有醍醐灌顶恍然大悟的感觉。很适合新手上路，既能理解原理，又能快速学习出成果，感谢译者。

——江苏南通财务分析师　**倪瑞芹**

译者的话

在过去几年里，财务领域和数据分析领域发生了翻天覆地的变化。

从国际来看，AICPA（美国注册管理会计师协会）和 CIMA（英国皇家管理会计师协会）的合并，意味着财务必须从传统的会计核算向以价值为导向的经营分析和财务分析转型，"业财融合"的步伐不断加快。

从国内来看，传统的会计从业资格被国务院列为建议取消的职业资格事项，财政部也一直大力推广管理会计，越来越强调财务人员的分析能力。

从企业内部来看，企业数据管理部门同会计信息部门的协作日趋紧密；越来越多企业将 BI（商务智能）同 EPM（企业绩效管理）合并为同一部门，并逐渐成立共享服务中心将分析职能整合到一起。

从科技角度来看，企业的财务自动化和共享服务中心的成立大大提升了传统会计处理效率，云计算和 AI（人工智能）逐渐渗透到从差旅报销、审计、税务到金融分析的各个环节；技术正在大规模取代传统会计人员的地位，我们进入一个以破坏大量传统高薪工作为代价，来创造极少数高薪工作的时代的前夜。

管理者驾驶舱和仪表板设计，通常称为财务报告的顶级智慧。其内容涵盖了从财务到业务领域的业绩指标体系规划、仪表板界面的设计、数据模型的设计，以及如何利用自助式 BI（商务智能）工具来建立仪表板并生成报告，开展分析以支持决策等诸多内容。对于传统财务人员来说并不陌生，这些指标和界面并不陌生，但仍需要掌握新的工具和技能。

所幸的是，几乎所有的财务人士和数据分析师都熟练掌握 Excel 工具，并认识到深度结合业务和财务开展分析来为企业创造价值的重要性。时至今日，微软 BI & A（商务智能与分析）工具已从默默无闻跻升到 Gartner 2017 年魔力象限的领导者位置，并同传统的 Excel 工具无缝集成。对于财务人士和数据分析师而言，利用熟练的 Excel 技能作为过渡，并掌握以 Power Pivot 为核心的 BI 工具，是搭上数据科技高速列车的绝佳机会。因为无论技术如何变化，能够发现企业的"降本增效"的机会和风险点，以价值为导向来开展分析、做出决策并驱动企业增长的能力，是机器无可替代的，我们要做的是积极拥抱可驾驭的技术，适应新时代的来临。

本书正是一本以案例为主，全面贯穿一名普通的财务分析师如何从 BI 需求分析和数据收集，到仪表板设计创建，开展可视化分析全流程的书。虽然并不能涵盖企业管理驾驶舱的方方面面，但对于企业最重要的目标达成主题的分析内容给予详细的介绍，其操作性强，具有极高的参考价值。

本书在出版过程中得到许多朋友的支持和帮助。感谢 IMA（美国管理会计师协会）亚太区总监、中国区首席代表白俊江先生，IMA 中国教育指导委员会秘书长浦军教授，他们对财务分析非常重视，在他们的帮助下我从一名认证管理会计师成长为培训讲师。感谢北京语言大学国际商学院的杜美杰主任、经济科学出版社的周国强主任，他们在本书的翻译和出版过程中投入了大量精力和时间。感谢微软企业服务 Power BI 咨询团队王丹先生对本书翻译过程中给出的建议，以及许多读者给出的评价和反馈。

刘　凯

目 录

致　谢

许多人都为本书做出了很多贡献，难以在一份列表中一一穷举。在创建博客近 5 年之后，我终于开始写这本书，许多微软内部和外部的 Power Pivot 用户、博客、推特、参与者都成为我的灵感的来源。目前市面上已经有了一些很棒的 Power Pivot 书，但个人觉得还是需要一本真正实用的 Power Pivot 书。

当然我也应当特别向一些人致谢，如果缺少他们的帮助，这本书将无从下笔。我要感谢 Rob Collie，曾经有段时间他每晚都想要在"双子星"项目的期间内搞懂 DAX 函数，并鼓励我加入微软的分析服务团队，这完全改变了我的生活。感谢 John Hancock 对我的信任，并教我打破思维的墙，感谢 Julie Strauss 教我在忠于直觉的同时勇于接受挑战。

在本书中我得到过一些微软内部同事的帮助：Jay Thacker、Hassan Murad 和 Lance Delano 向我提供了财务和业务见解力，并真诚给予反馈。当 DAX（数据分析表达式）变得过于烧脑且需要审核公式时，Howie Dickerman、Srinivasan Turuvekere、Jeffrey Wang 和 Marius Dumitru 这几位真正的 DAX 大师让我大彻大悟了。Amy、Russell 和 Drew 在图书设计方面提供了大量帮助。最后 Ron Pihlgren 倾听了我的解释并整理审阅全书。

如果没有出版商 Bill Jelen 的帮助，没有 Jocelyn Collie 出色的封面设计，本书是个不可能完成的编写任务。

最后要感谢我的家人，我的父母，有了第一台 Commodore 64 电脑后，我才开始拥有了现在的一切，当然还有我的漂亮女儿：Anouk、Karlijn 和 Merel 忍受了我的疯狂激情，并跟随我的激情辗转世界各地。

前　言

　　我和 Power Pivot 可谓一见钟情，在初次安装 Power Pivot 测试版时，我就知道商务智能世界将迎来天翻地覆的变化。那次安装 Power Pivot 时，我还是一名 Microsoft SQL Server Analysis Services 的商务智能顾问，开展数周或数月的长期项目来为客户提供大量数据见解力。现在无须成为商务智能专家，只要足够熟悉 Excel，就能使用 Power Pivot 立即在 Excel 中创建所需的见解力。BI 专家和 Excel 用户对 Power Pivot 的热情真是令人难以置信。从 Power Pivot 发布至今，我代表 Power Pivot 团队或作为顾问时就曾遇到过许多客户，在很多场景下他们都感受到 Power Pivot 发挥的巨大作用。

注释

　　这是一篇有关吉姆的故事，本书覆盖了多个不同的主题。

　　整个故事中，我经常深入到各类主题，转入某些领域并给出提示。在不偏离故事的情况下，使用的大量注释可归为以下 7 类：

- Excel Tip notes
- Power Pivot Tip notes
- Dashboard Tip notes
- Power View Tip notes
- SharePoint Tip notes
- Power BI Tip notes
- General notes

为了随时都能轻松找到，附录提供了对所有注释的索引。

超链接

　　整本书中提供了可供延伸阅读的网站和博客，这些资源包括我的个人博客、PowerPivotPro、微软在线帮助等。由于某些超链接特别长，我使用了 URL 简化工具对于所提供的链接进行了简化。例如要键入较长的 URLs http：//www. powerpivotblog. nl/project-gemini-building-models-and-analysing-data-from-excel-memory-based-dimensional-model/时，我将用http：//ppivot. us/SEUSO URL 来代替。由于这些链接是大小写敏感的，请注意大小写。

关 于 本 书

与市面上大多数的 Power Pivot 书籍略有不同，本书既未能涵盖 Power Pivot 的所有功能，也不会涉及大量 DAX 语言，因为在此之前很多书都已经涵盖了。其中两本不错的书是 Bill Jelen（Mr. Excel）的 *Power Pivot for the Data Analyst* 和 Rob Collie 的 *DAX Formulas for Power Pivot*。

本书的目的是作为一本实战图书，来帮您开启 Power Pivot 之旅，帮您将 Excel 和数据分析技能提升到更高层次。本书讲述了一位名为吉姆的业务用户（一位 Excel 高手），在 Microsoft Excel 中创建财务仪表板和附注报告的过程。该故事从吉姆帮公司中了解当前经营状况而发现需要哪些信息开始。然后收集信息并创建仪表板，在此过程当中要做出对这些信息进行可视化的最佳方式的决策。跟随吉姆的脚步，你将使用 Power Pivot 和 DAX 公式来解决几种常见的业务计算，如 YTD（年初至今）收入、VTT（目标达成差异），以及 YoY（同比增长）。

你也将学到在 Excel 和微软 Power View 中创建报告，以使得吉姆的业务能更深入到数字层面。随后会看到如何在 SharePoint 和 Office 365 Power BI 当中共享工作簿。

本书中在许多地方都对一些主题进行了深入探索，如 Power Pivot 引擎、DAX 公式，以及 Excel 和仪表板方面的提示与技巧。本书大部分内容适用于 Excel 2010 和 Excel 2013。然而，由于第 5 章是有关 Power View 的内容，因此该章节仅适用于 Excel 2013 而并不适用于 Excel 2010。

希望您在创建仪表板以提供见解力的过程中，能发现本书有所帮助。而且我期待着看到您能在 Power Pivot 社区中脱颖而出。您可以访问我的博客：http：//www. powerpivotblog. com，或者 Twitter 上@ kjonge。

什么是商务智能？

在动手使用 Excel 之前，看看为何使用本书中所讨论的工具是很重要的。

传统上，商务智能（BI）的概念很宽泛，是指有助于提高企业见解力的决策实务和决策支持系统。通过业务应用程序对数据可视化后能得到客观事实，基于这些事实，企业可以避免拍脑袋决策。许多 Excel 专业人士很可能会想，"嘿，我每天都做这些，但我不用这么新奇的名字！"

在 20 世纪 90 年代，企业开始创建并收集更多数据，但却无法及时向业务用户提供足够信息以形成见解力并支持决策，商务智能（BI）由此得以蓬勃发展。构建 BI 解决方案历来是 IT 公司和咨询公司的领地。这往往导致非常昂贵庞大的项目；这些高度规划的复杂系统能将来自整个公司的大量信息汇集到数据仓库中。

数据仓库将来自整个公司的数据整合到一起，并整合为达成共识的中"唯一权威版本"。IT 部门可能希望所有数据都流经 BI 系统，以确保一致性并避免冗余，来获得"正确"的见解。

企业为了将数据仓库中的数据转化为见解和行动，通常会在数据仓库之上创建多维数据集（数据立方体）。优化多维数据集有助于加速数据访问，从而快速分析大量数据。企业可基于这些数据集来创建静态报告，以便用户从中获得见解。2000 年以后，Excel 数据透视表的出现使得这种情况有效改善，用户可将来自多维数据集中的数据直接导入到 Excel 当中。

如今，企业中涌动的信息流不仅来自 BI 系统，还来自世界头号商务智能工具：Excel。来自企业业务方——而非 IT 方的一些用户会创建 Excel 报表。这些报告往往完全绕过 BI 解决方案，或将来自数据仓库以及从其他来源检索到的数据组合到一起。这往往会导致 IT 和业务用户发生冲突，因为 IT 人员希望数据都来自他们的 BI 解决方案，但业务却等不及 IT 来提供信息。世界不会因为等待数据可用而停止转动。时时刻刻出现新的经营状况，而迅速做出反应对企业而言往往至关重要。

随着现实世界的节奏不断加快，企业能获取的数据也越来越多，企业的首席财务官和其他利益相关者期望能加快从数据中获得见解。生成见解的传统 BI 项目通常是周期很长。但这类系统使得见解很难迅速从数据中获得。金融危机袭来后，企业界不得不大量削减成本，在 IT 领域尤甚。而且与此同时，对 IT 部门能利用数据资产提供更多见解的期望也越来越高，而他们现在也缺乏整合大量数据的资源。

然而在数据方面，企业并不仅仅依靠其 IT 部门。任何 Excel 业务用户也都非常透彻地了解数据，而且在创建报告方面，他们也精通数据并能利用数据获得见解。如果 Excel 用户和 IT 部门能避免竞争且发挥各自所长，携手合作来共同满足企业的信息需求呢？这恰恰是 2006 年微软"雷德蒙（Redmond）"活动中提出的自助服务革命的想法。彼时微软就启动了一项以星座来命名的"双子座（Gemini）"孵化项目。在该项目中，IT 和业务用户相互协作，携手共进。

自助服务的革命：Power Pivot

早在 1994 年，微软就开发了一款非常成功的产品——Microsoft SQL Server 分析服务（SSAS），以此开启了商务智能的旅程。这是专为有 IT 背景的开发人员设计的，业界最畅销的分析型数据库引擎。双子座（Gemini）背后的想法是将世界领先的 BI 产品 SSAS 塑造为嵌入 Excel 的工具，可供 Excel 专业人士使用。双子座孵化团队的目的是确定是否能够授权 Excel 专业人士并让他们与 IT 并肩协作。该团队想弄清楚如何将更多商务智能交到业务用户手中，并让他们"自助服务"信息。

双子座团队意识到，需要创建发烧级的产品：

● **处理海量数据的能力**。自从 1994 年 SSAS 进入市场以来，IT 行业已发生了巨变。值得注意的是个人电脑变得越来越强大，而内存价格也下降了很多。这意味着对双子座团队而言，其产品将能用于在 Excel 中处理数据并优化分析。而在 Excel 2010 及其更早期版本，用户处理的数据量受制于百万行的上限限制，双子座团队希望用户能使用该产品直接在 Excel 中处理非常非常大，超乎想象的数据量。该团队认为处理 200 万行数据应该能胜似闲庭信步。

● **能够无须编写 VLOOKUP( ) 函数，就可将两个单独表格中的数据组合到一个数据透视表当中**。Excel 最常见的用途之一，是将来自多个单独数据源的数据组合到同一份报告中。在传统 Excel 中需要使用复杂的 Excel VLOOKUP 函数，才能将数据合并到整个表格中。仅需在 Power Pivot 中创建关系，就可将数据存储于不同表格之中。

● **数据分析表达式（DAX）语言**。DAX 是基于 Excel 公式，专为分析而设计的语言，甚至共用某些 Excel 函数。同时 DAX 和 Excel 公式语言有很大的不同；Excel 公式语言引用的是工作表中的单元格，而 DAX 引用的是表格和列。

这三大变化为许多 Excel 用户带来了指尖上的威力。正如比尔·耶伦在其书 *Power Pivot for the Data Analyst*（http：//ppivot. us/5Vqxd）中描述的，"有两种类型 Excel 用户：闭着眼睛就能用 VLOOKUP 的 Excel 用户，和其他人……突然，数以百万计知道如何使用鼠标但不知道如何用 VLOOKUP 函数的人能够执行令人惊讶炫目的商务智能分析了。"

双子座项目将 SSAS 的力量带入到数亿 Excel 用户的桌面上。这就是所谓的"个人 BI"或"自助式 BI"。

但双子座项目远远不止于一个 Excel 加载项，还可通过 SharePoint 或 Office 365 将工作簿与团队成员共享。共享时保留了工作簿的所有交互性，与此同时也能供许多用户通过 Web 浏览器（无须 Excel）来使用报告。工作簿中的数据可以自动定期刷新，无须人工就可向工作簿中添加新数据！这就是所谓的"团队级 BI（商务智能）"。在 SharePoint 中共享工作簿还允许 IT 对所共享的数据进行管理。

2009 年 10 月，双子座改名为"PowerPivot for Excel"，并附带到 Excel 2010 中（http：//ppivot. us/5Vd7u）。很显然 PowerPivot 会从根本上改变商务智能和 Excel。Excel 2013 发布后不久，PowerPivot 名称中加了一个空格，变为"Power Pivot"（http：//ppivot. us/ifdYe），那就是在本书接下来要使用的 Power Pivot。

Power Pivot 版本

正如前文所述，Power Pivot 可与桌面 Excel 一同使用，或在 SharePoint 浏览器中，或在 SharePoint Online in Office 365 和 Power BI 中使用。在本章中，我们来简单看下有哪些不同。

Power Pivot for Excel

Power Pivot 在 Excel 2010 和 Excel 2013 中均可使用：

- **Excel 2010**。在发布 Excel 2010 时，一开始 Power Pivot 是作为可免费下载的 Excel 加载项供使用的。发布的第一个版本称为 PowerPivot 2008 R2，也就是 Power Pivot v1。2012 年还发布了后续版本加载项：PowerPivot 2012。该版本仍可从http：//ppivot. us/Fmbg4 免费下载。

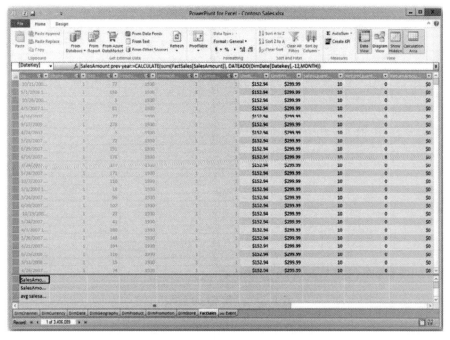

图 1 - 1　PowerPivot for Excel 2010

> 说明：如果使用 Excel 2010，强烈建议升级到 Power Pivot 最新版本。在最新版本中包括了 Power Pivot 中的一些增强功能。

- **Excel 2013**。使用 Excel 2013，Power Pivot 不再仅仅是 Excel 中的一个单独下载项，而是成为 Excel 的一部分。如今在以下 Excel 版本均可使用：
  - » Office 专业增强版
  - » Office 365 专业增强版
  - » Excel 2013 单独版

Excel 2010 和 Excel 2013 版本中的 Power Pivot 都有 32 位和 64 位版本。两者之间的差别在于 Power Pivot 可占用的计算机内存量。在处理大量数据时尽可能选择 64 位版本 Power Pivot。但并非每个人都能这么幸运，由于大多数用户并不需要 64 位 Office 版本，IT 部门在整个企业中集中推广的可能是 32 位的 Office 版本。虽然本人更喜欢 64 位版本，但电脑上运行 32 位版本时倒也无妨。

要查看正在运行的是 Excel 的哪个版本，选择"文件"、"账户"、"关于 Excel"，并查看"关于"窗口的右上方。

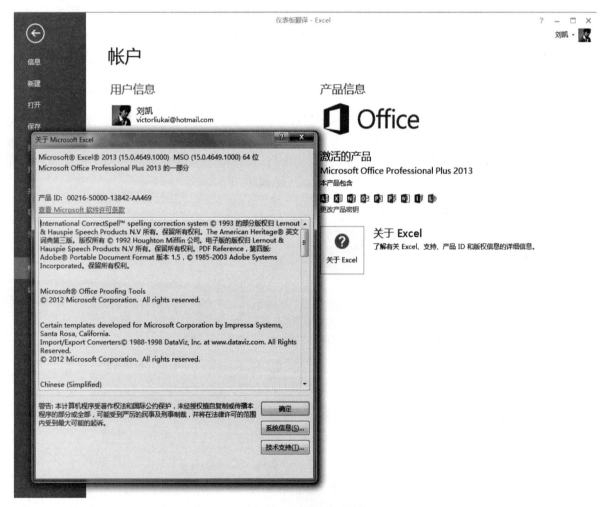

图 1-2 了解 Excel 版本

本书中所有例子和截图使用的均为 Excel 2013，但这里所述的所有功能几乎也可在 Excel 2010 中实现。只有第 5 章例外，此章节深入探讨了如何构建 Power View 报告。

Power Pivot for SharePoint 和 Office 365

为了在 SharePoint 中分享工作簿，需要在 SharePoint 服务器中安装一个连接到 SharePoint 的加载项。可从 SQL Server 的安装光盘中安装 Power Pivot for SharePoint 来满足这项用途。通常由 IT 部门设置 Power Pivot for SharePoint。

随着 Office 365 Power BI 的发布，可以订阅一份 Office 365，而无须担心设置环境，就可将工作簿共享到 SharePoint for Office 365 当中。

在第 6 章将了解更多关于共享工作簿的内容。

表格式模型

在 2012 年，SSAS 团队发布了分析服务（SSAS）表格式模型。这是个可使用微软编程工具 Visual Studio 来开发的，运行于服务器端的 Power Pivot 版本，而非在 Excel 内部运行的。大多数开发过程与 Power Pivot in Excel 中的毫无二致，但也有些额外的功能，可以实现对更大量数据的处理，并且向模型中增强了安全性管理。

本书着重于 Power Pivot for Excel，以及如何将这些工作簿共享到 SharePoint 或 Office 365 中。

关于表格式模型的更深入信息，请参阅由 Marco Russo，Alberto Ferrari 和 Chris Webb 所著的《Microsoft SQL Server2012 分析服务：BISM 表格式模型》（http：//ppivot. us/3sblk）。

使用 Power Pivot 的个人经验

如今我效力于微软 BI 团队，所创造的工具能让世界上每个 Excel 用户和业务用户从数据中获取令人惊叹的见解。以下是我如何被 Power Pivot 吸引到微软工作的故事。我向来热衷于计算机和 IT，自从 1988 年父母给我买了一台 Commodore64 开始，我就一直同电脑难舍难分。甚至自从跨入一所 IT 专业学校开始，注意力就变得集中而且成绩也开始随之不断攀升了。

图 1-3 我用 Commodore64 "工作" 是在 1988 年，看看那些当年的壁纸

我所从事的第一份工作并非处理数据，也并非帮 Excel 用户来获取数据。在 20 世纪 90 年代末互联网泡沫后期，我还是个建设网站的工程师。我一直对将大量数据变得更有意义充满浓厚的兴趣，但尚且不知道还存在着一个能以此谋生的世界，或者说一个以此为生的职位。记得在职场路径中的某个时点，我曾天真地试图用 HTML 和 SQL Server 6.5 来创建一个包含多个图表的报告。我使用 SQL、.NET 和 ASP.NET 继续沿着开发的道路往下走，并以每个开发人员的首选武器：Visual Studio 为生。

2004 年，我跳槽成为 DBA/开发人员，并开始接触数据仓库，我发现自己极度喜欢数据库建模。我立即就被这个数据仓库上层的工具吸引住了。比如 COGNOS 的 Power Play 就允许业务用户分析其企业数据。我意识到用户通过 BI 工具能获得深刻的见解。在初次尝试了以这种方式来处理数据后，他们就有了极大的热情。

那时我决定看些不同的公司来试着咨询，重回开发人员角色。但我一直试图找份能以某种形式为用户提供数据的工作。大约两年之后，我想回到商务智能，并尝试同经理谈谈让我参加 Analysis Services 的课程。这个为期五天的创建多维模型的速成班让我接触到了 Microsoft BI。从那以后我主要集中于使用多维数据集和报表，并建立 BI 解决方案，偶尔还兼顾数据仓库的工作。

我成为一名典型的 BI 开发人员，致力于长期项目来为业务用户创造价值，他们通常不得不等待一段时间才能获得所需要的数据。由于缺乏足够的能力或工具，他们经常到我办公桌前要求向模型中添加新的计算。我并非真正的 Excel 用户，但我与业务用户（通常是那些使用 Excel 的用户）密切合作，以确保他们得到所需信息。工作之余我也坚持博客创作，主要是跟踪日常发现以供日后参考。我一直都坚持在 http://www.powerpivotblog.nl 中持续发博客文章。

2008 年底的一天，我听说了一个叫"双子座"的新项目，允许业务用户直接在 Excel 中收集并分析自己的数据（http://ppivot.us/SEUSO）。让我充满好奇的是，这项革命性的技术赋予了了用户直接在 Excel 中使用复杂多维数据集的力量。这款新产品使 Excel 世界中的任何人都有可能加载来自多个数据源的数百万行数据，并将结果轻松合并成为一份报告。这对我而言似乎是天方夜谭。

2009 年 8 月，我终于有机会尝试并演练"双子座"项目（http://ppivot.us/O1NUW）。我对此欲罢不能了。"双子座"可以轻松快速建立报告，而在过去，创建这些报告需要数个小时。

后来，2009 年 11 月，当看到以下一段话时，我真是大开眼界："DAX 是非常强大的语言，能让你轻松解决很多任务"（http://ppivot.us/v3ThX）。

几乎与此同时，在 Power Pivot 的探索之旅中我发现了一名同道中人：Rob Collie（http://ppivot.us/aqdx8）。我们花了多个晚上探寻 Power Pivot 的工作原理，并尝试用 Power Pivot 来做各种新酷的事情。这段时期真的太棒了。我开始试图说服我的经理：Power Pivot 是个很棒的工具，我们应将其用于客户端的日常工作当中；我开始牵挂客户端了。

2010 年 6 月，我参加了位于新奥尔良的 TechEd 大会。Rob Collie 和来自 Microsoft Power Pivot 团队的很多高手也悉数到场。此次会议掀起了 Power Pivot 的讨论狂潮。这似乎是整个商务智能社区谈论的唯一话题。我和 Rob 就 Power Pivot 有多次讨论，在接近 TechEd 大会尾声时，Rob 说，"我要离开微软了，你何不接替我在微软的工作？我认为你非常合适"。我惊呆了。我没想到会有如此良机，但很快接受了。

同太太沟通后，我决定将向微软投递简历。几个星期后，我参加了面试，大约四个月后，我开始了在微软的第一天工作，帮助设计 Power Pivot for SQL Server 2012 的功能。我能够以爱好来谋生。这太棒了！

介绍仪表板和报告

本书中将学习如何在 Excel 和 Power Pivot 中建立仪表板解决方案。在此之前，让我们先从一些基础知识开始。无论是自己使用信息还是向他人报告，在 Excel 中建立任何事情的主要目标是显示来自一个或几个"原始"数据源的信息。当使用自有数据时，不必那么辛苦地去思考这些数据的含义，因为含义已经在脑中根深蒂固了。但是当为他人建立数据展示时就需要花时间换位思考，以清楚用户请求信息的原因，以及要实现的目标是什么。你必须思考沟通数据的最佳方式，以便于用户直观理解。

在沟通数据的过程中，重要的是要思考如何以有效方式来展现相关信息并将其可视化。在显示多个表格和图表之前，需要想清楚为何使用。需要考虑是否将两个图表并排显示。大多数人并未考虑到这一点。本书着眼于一些实际例子，并探讨如何使用一些基本原则来有效地对信息可视化。

要确定如何显示信息，需要想想别人为何需要获得这些信息。答案将决定如何（通常在一份报告中）组织数据。商务智能世界中常用术语"报告"，来表述一种同用户共享信息的机制。必应（Bing）词典阐述了"报告"术语："告知发生了什么事情，并给出已经发生事情有关信息的工具。"

Excel 提供的报告主要分为三类：仪表板、静态报表，以及交互式数据探索报告。有时仅需使用其中之一，但三者往往相辅相成。让我们来看看这三类报告是什么。然后在本书后续部分，将使用 Excel 2013 建立各类报告。

仪表板

仪表板（dashboard）是商务智能中经常谈及的术语，且经常视为等同于商务智能。人们似乎希望或认为他们需要仪表板，而不知道仪表板是什么，或者为何需要。但似乎大家都认为仪表板看起很炫酷很有吸引力。仪表板能将所有所需信息显示在一个统一、简单、直观、清晰的驾驶舱中。

不幸的是，很多仪表板中往往堆砌了华而不实的图表，交通信号灯和仪表的炫酷东东，无法提供一目了然的信息。仪表板的首要目标应当是交付有见解力的有效信息。应让人一目了然地发现所需信息。这是用户每天甚至一天之内多次查看的内容，以了解当前业务运营状况，并发现需要立即关注的领域。通常仪表板包含了多个方面的信息。例如，可在同一个工作表内包含销售、新客户数量和员工维系信息。

仪表板，在一定程度上应能触发行动和轻松理解，应当能站在用户角度传达出所需信息。例如，当 CFO 查看收入时，很可能无须看到每种产品的销售额；可能仅想知道公司目标是否达成，如果尚未达成可同产品经理沟通。产品经理可能想知道哪些产品达成了目标，而哪些并未达成。两人所需信息相同，但详略程度迥异。设计和创建仪表板从技术角度来看并不难，但是从设计角度来看就比较难了。如果询问某人需要何种信息，他可能会表明"全部都要"。你所做的工作是将信息提炼到适当的程度；仪表板并非显示出所有信息，并确保避免信息超载。在显示数据的取舍方面需要斟酌：必须选择最重要的信息，以便让仪表板富含深刻的见解。这意味着需要真正了解用户需求，以及用户期望哪些信息，以便用仪表板提升日常决策。与最终用户保持密切合作很有必要。经常用来描述所显示信息的一个术语是关键绩效指标（KPI）。企业通常使用关键绩效指标来衡量业务中关键指标的成败。当创建仪表板时，KPI 可以作为收集适当信息的很好起点。

在考虑仪表板设计时，需要回答一系列问题：如何对工作表上的数据合理布局？哪些信息比其他信息更重要？如何可视化数据并有效展现？如何充分利用屏幕空间？如何才能让屏幕中的信息来驱动行动，以便用户可按需深入了解问题？第 4 章将从零开始构建一个仪表板，看看如何显示适当的信息。

静态报表

静态报告可能是最常见的报告类型。静态报表通常面向主题，而且非常细致。在信息方面力求详尽，并针对那些想要深入某个特定主题的用户。大多数公司采用静态报表来开展业务。

在静态报告中生成不同数据时可能使用到多个参数。例如可以为特定区域或所有区域生成报告。当要深入某个特定区域的更多细节时，用户通常可从仪表板来访问静态报表。

静态报表历来通常由 Excel 专员或商务智能专员在 Excel 或 SQL Server 报告服务中创建。

即席报告

即席报告允许业务用户通过拖拽操作，灵活地创建高度可视化的报表并进行调整。不同于通常由专家创建的其他报告类型，业务用户无须成为技术专家就可创建即席报告。

即席报告应迅速建立并易于使用；报告成果应当是高度可视化和动态的，讲述业务用户想分享的故事。应该允许用户无须依靠专家即可从中获得丰富的见解。微软允许用户通过使用 Power View 软件（Excel 2013 中的组价）来创建此类报告。

如何确定应显示哪些资料

在可视化或报告任何信息之前，需要确保了解需要显示哪些信息。报告创作者本身并不能决定显示哪些信息。了解报告使用者需要何种信息以提升对业务的见解力，对于报表创建者而言也非常重要。这通常是经由同业务用户访谈并发掘需求来实现。为了展示如何工作，本书使用一家虚构的 Contoso 通信公司，并讲述了员工吉姆有关的故事，吉姆使用 Excel 建立供财务部门使用的解决方案。

了解 Contoso 公司

Contoso 通信公司位于美国，是一家从事设备销售和订户费收取的电信公司。这家公司非常传统，已有 22 年的历史，主是集中于传统的销售和服务。它拥有 300 名员工遍及美国各地；大部分员工都在销售和服务部门。Contoso 通信公司也有一个小的市场营销和产品管理团队。

财务团队由 10 名业务分析师组成；吉姆是团队的高级商业分析师。除了部分电信基础设施以外，Contoso 通信公司主要将 IT 外包给外部机构。该公司使用多个系统，包括 ERP（企业资源规划）和 CRM（客户关系管理）系统，但缺乏能收集所有数据并整合的数据仓库。

过去一年里 Contoso 通信公司经营乏力，而且管理团队觉得对公司的信息缺乏足够掌控。该团队对业务中的变化通常反应迟缓，而通信业务瞬息万变。管理团队中每个成员都需要更好地掌握公司的全局数据。全体成员还需要获得更多有关个别团队的详细信息，以便能更好地响应市场变化。该公司的首席信息官杰克，要求能给出管理团队的解决方案。

吉姆直接向杰克报告，其履历已充分显示出他非常精通 Excel 和 Access。杰克已经让吉姆策划一个解决方案，以使得 Contoso 管理团队和财务团队成员，无须搜索分布于不同地方的相关信息，就能更方便地监控公司的财务状况。由于不确定需要显示哪些信息，所以吉姆同管理团队的每个成员和财务团队的其他核心成员开展访谈并获取了需求清单。

访谈相关业务用户

吉姆的访谈从杰克开始，他感受到以下事实，Contoso 通信公司高度依赖于对日常业务至关重要的几类核心数据：

- 收入总额
- 已售单位数
- 设备使用情况
- 用户数

除了这些数字外，管理团队还希望将这些运营数据同业务所设定的目标进行对比。管理团队需要看到短期数字以便立即响应，也需要看到长期数字以显示趋势并预测未来哪里会出现问题。Contoso 通信公司的财年是从 7 月 1 日起至次年的 6 月 30 日，管理团队期望按财年来展示数据。管理团队的成员强调，收入是迄今为止最重要的指标，他们希望能够看到随着时间推移的收入状态，以便看到总体趋势。

吉姆还采访了同事爱丽丝，她经常参加管理层会议。他知道在近期会议中，管理团队成员要求爱丽丝弄清楚增长低于预期的原因，以及是否能以某种方式进行分类。爱丽丝发现，各个地区的收入增长参差不齐；管理团队确定某些地区表现不佳是由于市场营销的问题，然后采取适当行动。管理团队现在希望能按区域对收入保持积极关注，来观察收入能否回升。该团队希望看到收入与目标收入之间的当月目标达成差异，以及随着时间推移的趋势。

其中本财年中，公司最大的持续努力之一是试图降低单位成本。管理团队希望能够看到当期成本降低的结果，以便看到这些工作成果。

吉姆访谈了负责产品的产品总监鲍勃。鲍勃告诉吉姆他想要实现的事项之一是缩减公司产品品类以节约成本。他希望看到绩效最佳和绩效最差的产品在当前财年中的逐月概况。

现在，吉姆已同最重要的相关业务用户访谈，他认为已有足够信息来开展下一步工作。弄清楚管理团队认为哪些信息是最重要的之后，他就可以开始规划所需创建的仪表板和报表。

规划仪表板和报告

在开始规划仪表板和报告时，吉姆创建了一份待回答的问题列表：

- 需要哪些计算字段（度量）？
- 需要在行或列当中显示哪些字段？
- 待展现信息所需的数据，可从哪里获取？

吉姆知道要解答这些问题，尚无法给出完整的全景答案，但能产生都需要生成和收集哪些数据的想法。接着基于所执行的访谈，他初步创建了所需收集的指标池。目前包括：

- 收入总额
- 单位总量
- 使用总量
- 订户总数
- 目标收入总额
- 目标单位总数
- 目标使用总量
- 目标订户总数
- 占收入总额的百分比

对于每个度量，吉姆希望能够展示出同其他度量的对比数据：

- VTT（目标差异）
- YoY（同比）

接着，吉姆需要明确所显示度量所需使用的行和列。他决定希望能通过下述维度来查看值：

- 地区（国家、地区、州、市）
- 产品
- 时间（年、月、财年、会计月份、当月、最近 12 个月）

现在，吉姆知道需要在仪表板和报表中展现哪些内容了，他需要得到适当的数据。

获得必要的数据

吉姆手头并无所需数据，所以他到 IT 部门看看都能提供哪些数据。IT 团队可以给吉姆相应的系统接口。IT 团队每周更新的 Access 数据库文件中将显示这些信息。

现在收集了足够信息，并且获得所需数据之后，吉姆即可开始着手建立仪表板和报告。在第 3 章中可以看到吉姆接下来的行动。

3

收集和准备数据

本章中，吉姆将通过从其数据源导入数据来着手仪表板中所需数据的收集工作，然后开展数据准备和优化，以供 Power Pivot for Excel 2013 来开展分析和数据可视化。

启用 Power Pivot for Excel 2013

刚从桌面端 Excel 2010 升级到使用公司 Office 365 账户的 Excel 2013 Pro Plus 版不久，几日之后吉姆就需要向经理展示仪表板初稿。吉姆精通 Excel 2010 和 Power Pivot，尽管同 Excel 2010 相比，Excel 2013 有了许多新特性，但核心的 Power Pivot 技能使得吉姆无须学习太多新内容即可将新版本 Excel 用得游刃有余。

打开 Excel 2013 后，吉姆开始对所需分析的数据进行检索。他查看了 Excel 功能区，但发现 Power Pivot 选项卡中并未显示到功能区上。

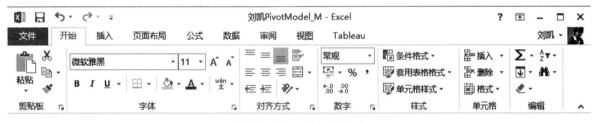

图 3-1 Excel 的功能区

吉姆初次使用 Power Pivot 加载项。要完成这项任务，他点击"文件"、"选项"。"Excel 选项"对话框出现后，吉姆选择"加载项"、"COM 加载项"，然后点击"转到"。

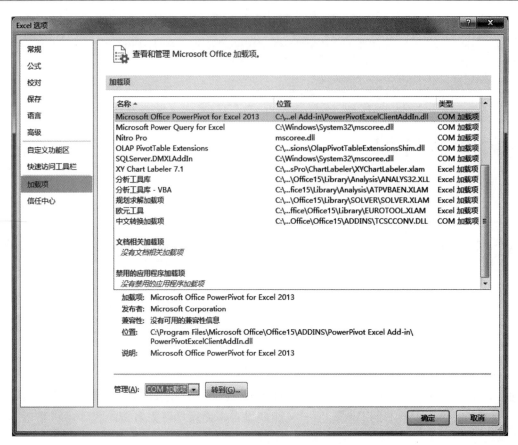

图 3 – 2   "Excel 选项" 对话框

在出现的 "COM 加载项" 窗口中, 吉姆选择 Microsoft Office Power Pivot for Excel 2013 并单击确定。

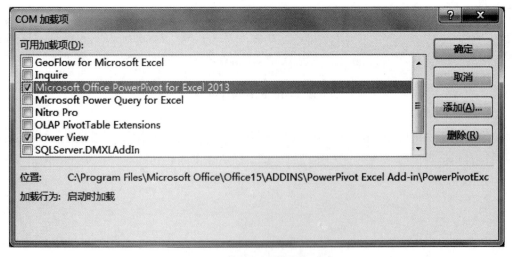

图 3 – 3   "COM 加载项" 窗口

现在 Excel 2013 中 Power Pivot 选项卡变得可用了。

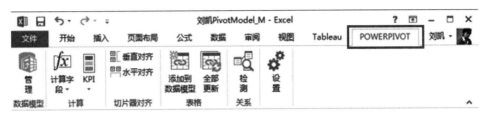

图 3 - 4 位于功能区的 **Excel Power Pivot** 选项卡

导入数据

点击 Power Pivot 选项卡后，吉姆点击"管理数据模型"按钮来打开 Power Pivot 窗口并访问 Power Pivot 的完整功能。所需信息位于公司内网并存储于网络共享的 Access 文件中。此时，吉姆需要将数据导入到 Power Pivot 中。

Power Pivot 提示：支持的数据源

Power Pivot 允许从多个来源导入数据，如 SQL Server、Access、分析服务、SQL Azure 数据库和 Oracle。Power Pivot 使用数据向导来将数据导入到数据模型中。在导入过程中有大量可供选择的数据源选项。

图 3 – 5　Power Pivot 中可用的数据源

　　吉姆需要访问来自 Access 的数据，所以他点击了位于 Power Pivot 开始选项卡的"从数据库"，"从 Access"。弹出"表导入向导"。

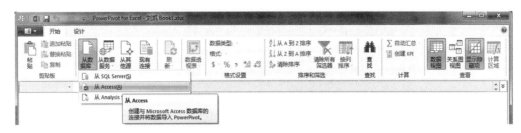

图 3 – 6 从 Access 导入数据

在"表导入向导"中，吉姆可以先浏览然后选中所要导入的数据库。此文件不要求用户名和密码，所以他将这些字段留为空白。

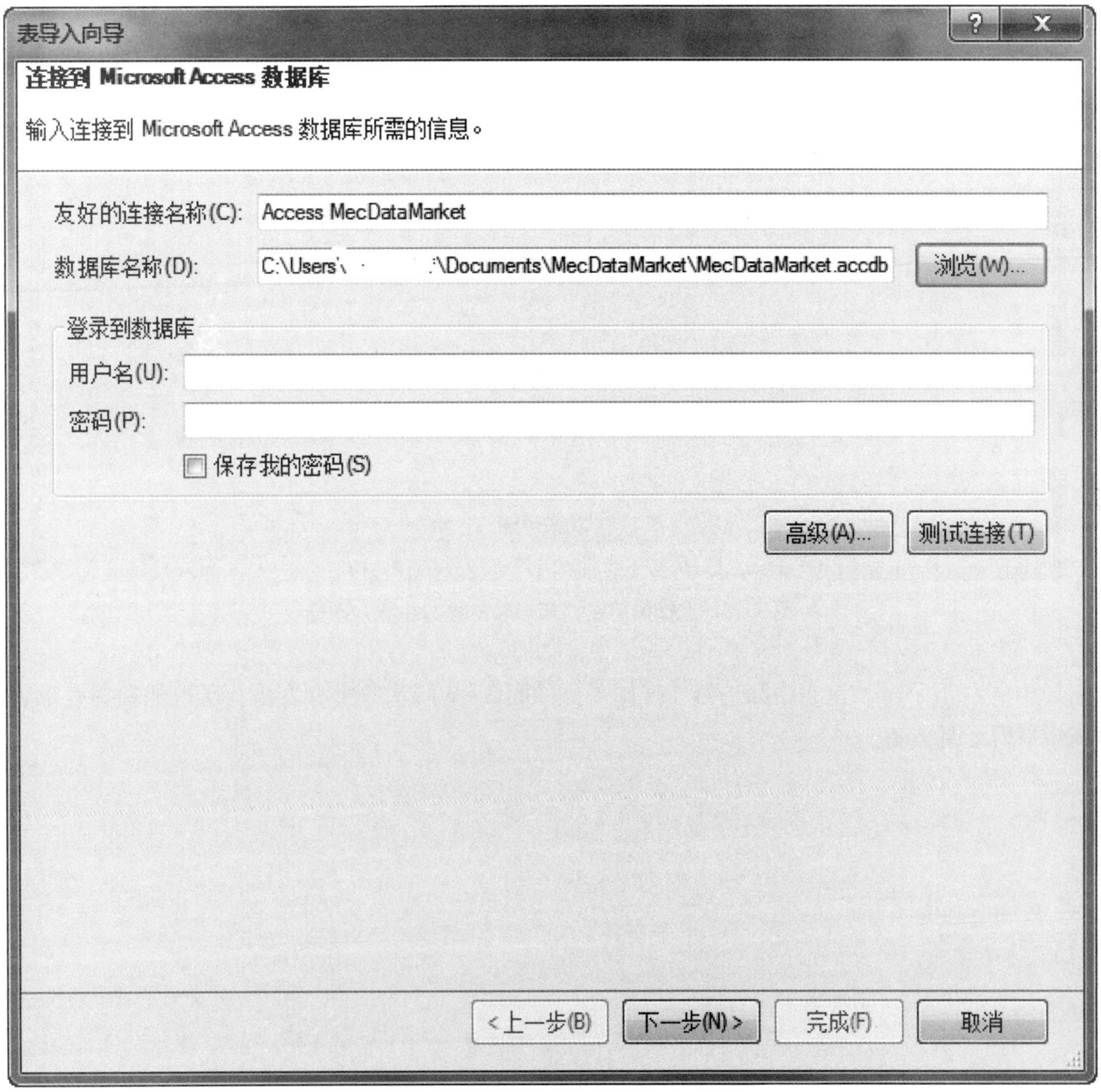

表导入向导

连接到 Microsoft Access 数据库

输入连接到 Microsoft Access 数据库所需的信息。

友好的连接名称(C): Access MecDataMarket

数据库名称(D): C:\Users\ ⋯ ⋯ \Documents\MecDataMarket\MecDataMarket.accdb 浏览(W)...

登录到数据库

用户名(U):

密码(P):

☐ 保存我的密码(S)

高级(A)...   测试连接(T)

< 上一步(B)   下一步(N) >   完成(F)   取消

图 3 – 7 表导入向导

吉姆单击"下一步"，立刻转到导入过程中的下一步，在那里可以选择如何导入数据。他可以选择通过查询或选择单个表导入。吉姆选择从单个表中导入并再次单击"下一步"。

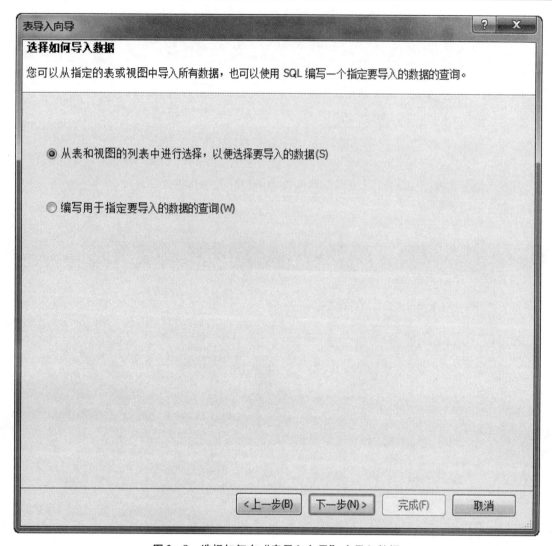

图 3－8   选择如何在 "表导入向导" 中导入数据

向导中的 "下一步" 是表格筛选器。吉姆需要如图 3－9 所示的所有表格，所以他选择全部表格并单击完成后开始导入。

图 3 – 9 选择"表导入向导"中的表格

完成对从 Access 文件导入数据表格后，这些数据称为 Power Pivot 数据模型。

图 3 - 10　在"表导入向导"中，导入到 Power Pivot 中的数据

Power Pivot 提示：存储数据

在数据导入过程中，运行 Excel 的计算机将数据加载到内存中。通过在内存中对每列冗余的值仅存储一次，并将每个原始值替换为一个指向内存中其他地方真实值的小数字，Power Pivot 对数据进行了压缩。

在图 3 - 11 中，通过将用颜色显示出来的值替换为数值型的小指针值，可在内存中对这些行的值进行压缩。

ID	Year	Month	SalesPerson	Value
1	2010	January	Jeff	34
2	2010	January	Marty	54
3	2010	February	Jeff	554
4	2010	February	James	23

图 3－11　对数据模型中的压缩进行的视觉化显示

当某些列中的值存在大量冗余时，压缩尤其有用。压缩使得大量数据在载入后占用的内存空间极少；甚至可以实现 10 倍的压缩率。压缩使得载入到 Power Pivot 的数据不受行数的限制，而相比之下，加载到 Excel 中的数据受到百万行的限制。Excel 2010 中所用的模型确实受到 2GB 内存上限，而 Excel 2013 完全不受此硬性限制。

导入过程完成之后，Power Pivot 数据视图中显示了所有导入的数据。每个表格都显示出了所有行和表结构（列）。通过使用窗口底部的选项卡并选择不同的表格，吉姆可在表格之间进行切换。

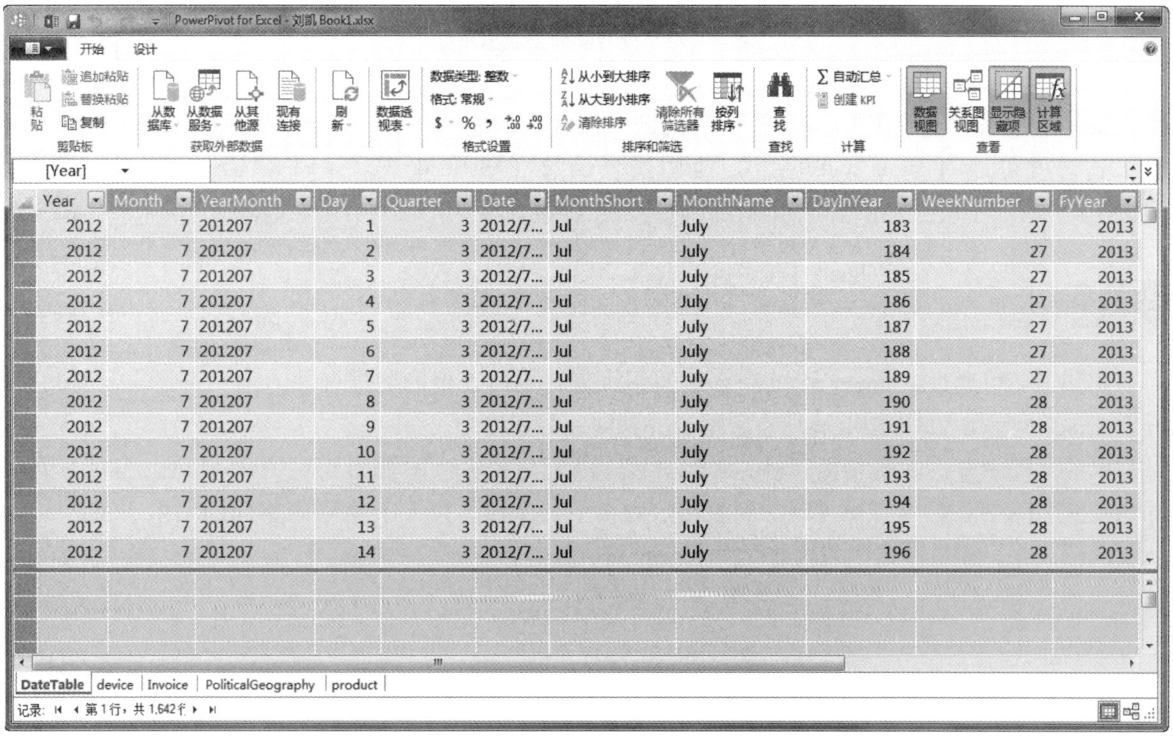

图 3－12　导入到 Power Pivot 中的表格

Power Pivot 提示：数据类型

与 Excel 的另一项区别在于，Power Pivot 中的每列都有特定的数据类型。如数值类型或文本类型。列中所有值都必须是相同类型的，以待存储于数据模型中。如果并非如此，Power Pivot 就会弹出一条错误消息。如果某些列的数据类型不当，就无法进行相应操作。例如针对文本列，就无法进行求和（SUM）运算。

将数据加载到 Power Pivot 后，吉姆所做的第一件事情是检查“发票表”中列的格式设置是否适当。

他选择 Units（单位量）列，注意到其数据类型为文本。

图 3 – 13　查看某列的数据类型

　　吉姆知道他需要能使用 Units（单位量）列来按时间和地区汇总，因此将此列的数据类型变更为整数，这样就可以对 Units（单位量）使用聚合函数（如 SUM 或者 AVERAGE），而非仅仅计数（COUNT）。

创建关系

　　吉姆知道还可通过在 Power Pivot 中创建关系将来自不同表格的数据合并为同一份报告，而非通常那样在 Excel 中使用 VLOOKUP 将所有数据合并到同一个表格中。

　　在 Power Pivot 中，吉姆切换到 Power Pivot 窗口右下角的关系图视图（见图 3 – 14）。当打开 Power Pivot 模型的图表视图后，吉姆可以看到表格、表格中的字段，以及表格同表格间的关系。在图 3 – 14 中所示的图表中，很显然这些列彼此间尚未关联到一起。

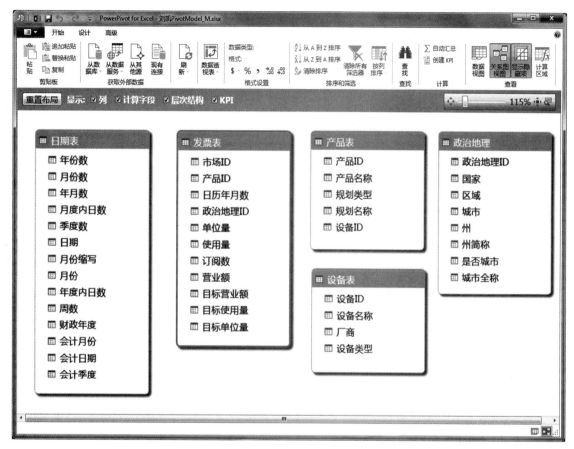

图 3 - 14　Power Pivot 图表视图

Power Pivot 提示：Power Pivot 数据模型

在数据模型中创建任何关系之前，了解 Power Pivot 中关系的工作原理至关重要。反过来，要更好地理解 Power Pivot 中的关系，需要回顾下 Power Pivot 的历史。Power Pivot 是对 SQL Server 分析服务多维引擎的传承。（有关详细信息，请参阅http：//ppivot. us/DBRLO）。该产品创建于 20 世纪 90 年代中期，是业内领先的 MOLAP（多维联机分析处理）引擎（要获取更多信息请参阅http：//ppivot. us/IDCXA）。

多年以来，Analysis Services（分析服务）一直在传统 BI 开发人员和那些连接到多维数据集的 Excel 用户当中应用广泛。这些传统商务智能项目往往采用星型模式或雪花模式——由拉尔夫·金博尔（Ralph Kimball）推荐的设计方法（http：//ppivot. us/MPMZP）。

在数据仓库和多维数据集方面，这已成为事实上的设计标准。传统数据仓库技术中所用的技术和方法，对 Power Pivot 也有所启发。了解这些技术有助于 Power Pivot 开发者设计出良好的 Power Pivot 模型。

就像你所猜到的，在星形模式中，模型的关系图视图看起来就像颗星星。在这种模式中，星星的中心称为事实表。事实表描述了某个业务流程的度量、事实或指标。在吉姆的案例中，事实表为发票表，这是由于所包含的发票额是 Contoso 通信公司的业务指标。星星的中心由维度围绕。每个维度都是个描述了事实属性的描述表。对于吉姆而言，"产品表"和"政治地理表"是提供了更多有关事实详细信息的维度表。通常可在多个事实表之间共用维度表，甚至可供多个报表或多维数据集重复使用。存储这些数据仅需一次，其存储优势相当明显。

　　图 3–15 显示了吉姆的表格重新按星形布局，发票表居中且由其他表格环绕。这种布局基于的是表格内的主键和外键；例如，不仅发票表包含产品 ID（ProductKey），产品表中也包含产品 ID（ProductKey）。发票表中的产品 ID（ProductKey）称为外键，而产品表中的产品 ID（ProductKey）称为主键。对同一产品，每个产品都对应多个不同发票记录。这是个一对多关系，也是 Power Pivot 中唯一支持的关系类型。

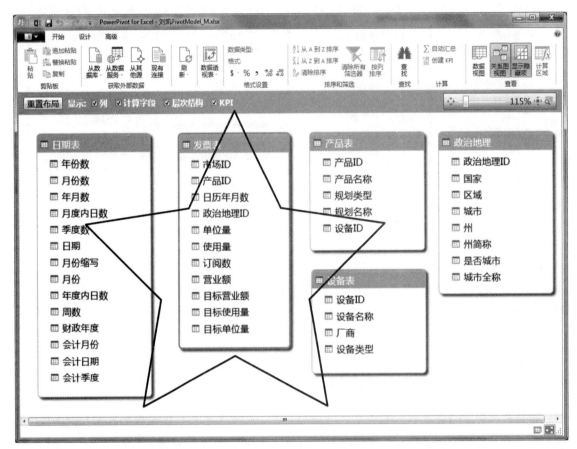

图 3–15　星形模式中的星形

　　图中有个特殊表："设备表"（Device Table）。因此表格是个离群表，同星星中心的发票表之间不存在任何关系，然而同产品表有关系。正由于该离群表，该关系图事实上为雪花模式，而非星形模式。

　　吉姆切换回到 Excel 当中，并创建一个数据透视表来对刚导入的数据进行测试。他选择数据，现有连接以打开现有连接对话框，并选择表格选项卡。

图 3-16　从"现有连接"中选择模型

　　吉姆现在双击"工作簿数据模型中的表"。弹出了导入数据对话框，而且吉姆可在其中选择想要如何来查看数据。吉姆选择数据透视表。

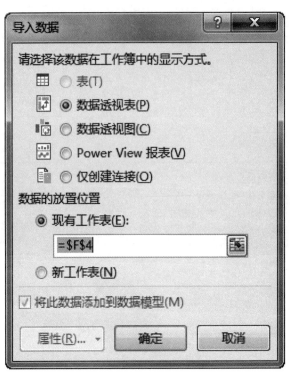

图 3 - 17　选择数据透视表报告

　　吉姆单击"确定"，Power Pivot 向工作表中添加了一个空的数据透视表。多亏了压缩，数据载入到 Power Pivot 的内部。

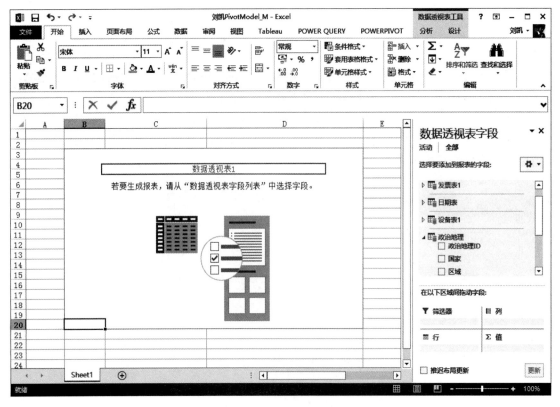

图 3 - 18　一个空的数据透视表

　　吉姆试图将来自两个不同表格中的值添加到数据透视表当中，但所得结果并不正确。在数据透视表中的每一行所看到的都是个总计值，而且数据字段列表中有一则消息表明"可能需要表之间的关系"。当不存在关系时，Power Pivot 就无法使用来自不同表格的值。吉姆需要自己来创建。

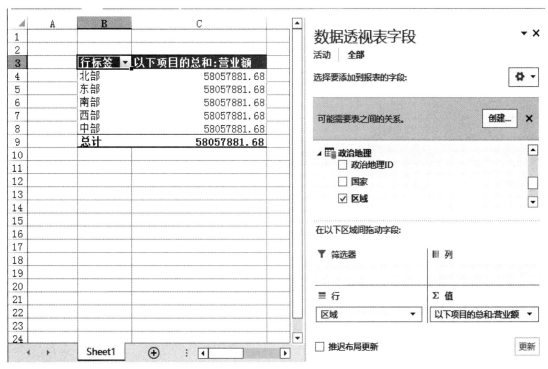

图 3 - 19　当关系不存在时，Power Pivot 要求创建关系

　　吉姆想在发票表和产品表之间创建关系。要做到这点，他打开 Power Pivot 窗口，并用鼠标右键单击来自发票表的产品 ID（ProductKey）列，然后点击"创建关系"。弹出创建关系窗口。

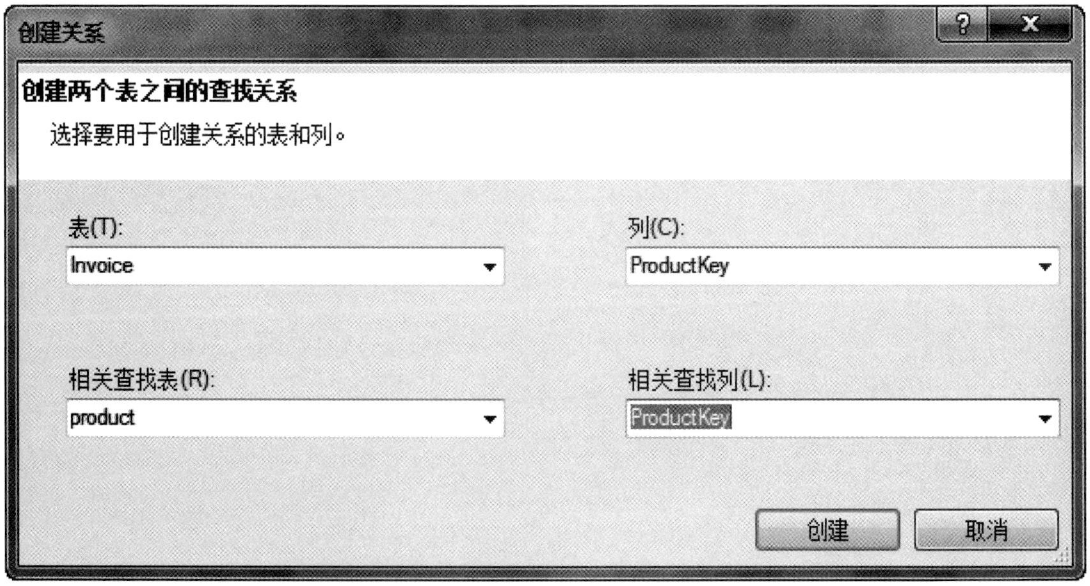

图 3 - 20　创建关系将来自不同表格的数据组合起来

Power Pivot 提示：创建关系

　　正如图 3 - 20 所见，吉姆已有一个来自发票表中的产品 ID（ProductKey）列，以及来自查找表中的查找列。在此种情况下，查找表是产品表，查找列为产品 ID（ProductKey）。在用于描述通过关系会发生什么而言，查找这个名字很合适。在这种情况下，例如，吉姆要查找每个发票的产品信息。当基础数据源中已有定义好的关系后，Power Pivot 会在导入过程中自动创建关系。

　　通过拖放，吉姆就可创建了关系。当创建发票表中的日历年月数列和日期表中的年月数列之间的关系时，吉姆遇到一个错误。

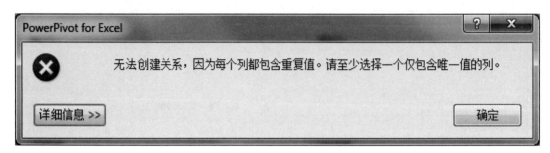

图 3 - 21　　Power Pivot 无法创建关系

　　吉姆所试图创建的关系并非一对多的关系，这是因为日期表中年月数列的值并非唯一值，而他们需要的是一对多关系，其中来自维度表的那一列为主键。要创建这种关系，吉姆需要找到两个表格间的那两列来创建关系：他需要来自维度表的主键和来自事实表的外键。例如在图 3 - 20 中所用的发票表〔产品 ID（Productkey）〕和产品表〔产品 ID（Productkey）〕之间关系的例子。

　　通过 Power Pivot 中的数据视图，吉姆查看了 Power Pivot 中的所有数据。首先查看发票表中的日期列。当点击该列上的箭头时，就可以看到来自该列的所有唯一值。

图 3 - 22　使用 Power Pivot 筛选对话框，以看到表格中的唯一值

吉姆注意到发票表中的日期列，并不包含日期级别的数据，但仅有该年度每个月份的值。由于这是发票表中唯一的日期列，需要使用该列来创建到日期表的关系。

吉姆看着日期表中的列。他需要找到主键，或表格中每一行包含唯一值的列。符合这些条件的仅有一列，就是日期列。

图 3 - 23　寻找列中包含的唯一日期

　　吉姆要在"发票表"和"日期表"之间创建关系，就必须存在匹配的两列。吉姆无法改变来自日期表的日期列来获得日期部分，因为这么做将使得对于表格中的每一行，该值都不再唯一。要创建该关系，吉姆必须通过向日期表的日期年月数列添加一个"天（day）"部分，在发票表中创建日期类型字段。在 Excel 中通过创建公式就可以很容易地实现此目标。虽然在 Power Pivot 中无法直接使用 Excel 公式，但可以使用一些非常相似的函数：DAX（数据分析表达式）。

Power Pivot 提示：DAX 表达式

　　DAX 是 Power Pivot 的公式语言。看起来很像 Excel 公式语言，并且有许多共用的函数，包括 DATE、SUM 和 LEFT 等。像 Excel 公式语言一样，DAX 在其公式中使用函数、运算符和值，但同 Excel 公式相比有几处明显区别。最大的区别在于，DAX 引用的并非单元格或区域，而是数据模型中的表和列。DAX 是为处理关系型数据的设计的，并利用高度优化后的内存引擎实现了快速动态汇总。DAX 的设计理念是为速度而生：能够快速跨列/跨表查找数据并计算。

　　DAX 表达式有两种类型：计算列和计算字段（在传统商务智能和 Excel 2010 中，也称为度量值）。

　　可以使用计算列来丰富表格。表格中的计算列是基于 DAX 公式来创建的。该 DAX 公式对表格中的每一行都执行 DAX 公式，并且该公式的结果连同导入时的值一起，存储于表格之中。当在报表中使用计算列时，计算列与表格中其他导入到模型中的列的外观和感觉都是一样的。

　　另外，计算字段（度量值）是在对（报告或数据透视表中的某行/某列所对应的）某列的值进行汇总时，分析中所使用的 DAX 表达式。举例而言，如果吉姆想并按年份或按产品对收入进行分类汇总,将需要发票表中的收入列的汇总结果作为一个计算字段来创建,并用于数据透视表之中。数据透视表将实时计算得到计算字段的结果。

在本书的多个例子当中,我们将能看到 DAX 表达式这两种类型。

用 DAX 丰富数据模型

吉姆想向发票表中添加新列,以用于创建到日期表的关系。要创建此关系,吉姆需要在每个表格中都有一个包含相同值的列。

吉姆选择了发票表,右键单击日历年月数列,并选择插入列。Power Pivot 向表格中添加了一个空列,并使用公式栏,通过在公式栏中编写一个公式,吉姆就能将值填充到该列中的每一行。

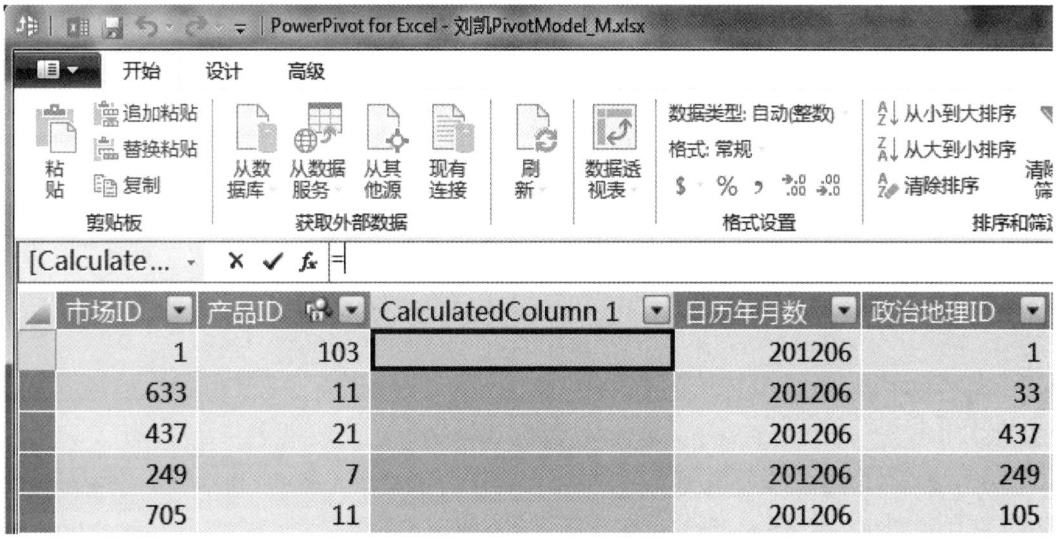

图 3 - 24　向模型中添加一个计算列

在这种情况下,吉姆需要从日历年月数列中的值进行转换,抽取出实际日期。正如在 Excel 中所操作的,他开始向公式栏中键入“ = DATE(”,就得到了所期望的结果,自动完成功能告诉他该函数需要三项输入:a year, a month, and a day。由于该格式一直为 201206,其中前四个字符是年,而后两个字符是月份,吉姆知道如何从日历年月数列字符串中抽取这些值。这些数值不包括月份中的天,但出于同表格相关联的目的,吉姆决定可以仅用该月份的第一天,他最终向公式栏中键入以下 DAX 公式:

```
= DATE(
    LEFT([日历年月数],4),
    RIGHT([日历年月数],2),
    1
    )
```

吉姆按下回车键,开始运行公式。

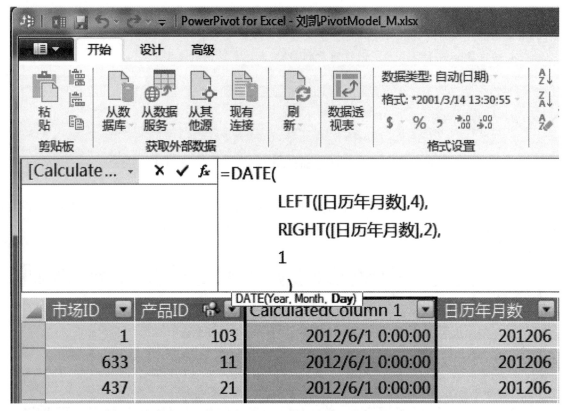

图 3 - 25 用计算列对表格中每一行计值

Power Pivot 提示: 计算列

过去, 吉姆经常将公式复制到 Excel 电子表格中的所有行。然而, Power Pivot 可向表格的所有行中自动应用公式。该表达式引用了同一表格中的其他列, 并能自动将该列的值返回到公式所执行的列当中。

令吉姆高兴的是, 他得到了包含日期的列, 以用来创建到日期表的关系。默认情况下的新列名为[CalculatedColumn 1]; 双击该列标题, 吉姆就可以将此列重命名为日期。现在吉姆打开关系图视图以创建"发票表"和"日期表"之间的关系。他选择来自发票表中的日期字段, 并将其拖动到日期表的日期字段, 这样就建立起两个表格之间的关系了。吉姆继续将那些缺少关系的表格, 都建立起了关系。带有全部关系的图表如图 3 - 26 所示。各表之间的连线代表了表格间的关系。

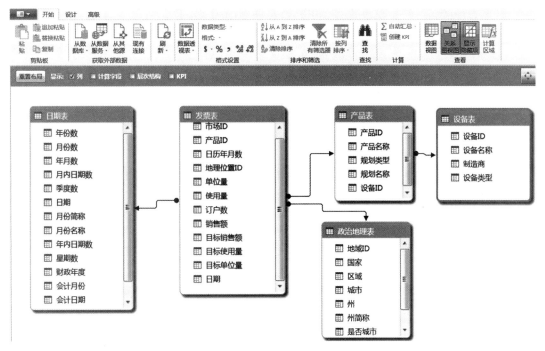

图 3 - 26　在多个表格之间创建关系

选择当前会计月份和年份

　　吉姆接下来想要做的事情，是在日期表中创建一列，以用来筛选报告，并自动返回当前财年或会计月份（也就是说有发票记录的最近一个财政年度或会计月份）的数据。

　　吉姆需要创建一个新的计算列来将日期表中的所有日期，同发票表中的最近会计日期进行比较；如果日期表中的月份和年份与最近财政年度或月份相同，就应该返回 1。该日期表包含两个不同的日期：普通日历日期和财政年度日期。请记住，Contoso 通信公司的财政年度是从 7 月 1 日起至 6 月 30 日止；因此，对于普通日历日期 2012 年 11 月 30 日，Contoso 通信公司的财政年度日期是 2013 年 5 月 31 日。

　　为了识别出包含数据记录的最近月份，吉姆要找出最近发票日期。他决定创建一个计算字段来获得该日期，以供在其他地方重复使用。

　　吉姆希望使用发票表上的日期列，但该列返回的是实际日期而非财年日期。要得到每张发票上的最近会计日期，吉姆可以利用日期表中的信息来实现。他可以通过表格间的关系，使用 DAX 中的 RE-LATED 函数，对于每个发票日期，都从日期表中查找出相应的财政年度日期信息。

　　在发票表中，吉姆用以下表达式添加了一个新列：

```
= DATE(
    RELATED('日期表'[财政年度]),
    RELATED('日期表'[会计月份]),
    1
    )
```

　　此公式使用 DATE 函数来为发票表创建出日期值。DATE 函数中需要三个参数：年、月、日。吉姆使用 RELATED 函数，来从日期表中得到财政年度和会计月份值。RELATED 函数然后使用各表格间的关系，来为日期表中的每一行，都查找提取出来自日期表中的对应值。

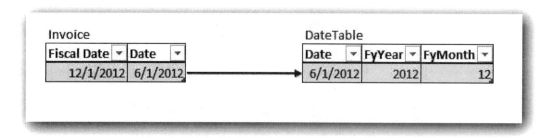

图 3 – 27　RELATED 函数使用表格间的关系，来获取来自其他表格的值

这向表格中添加了计算列：

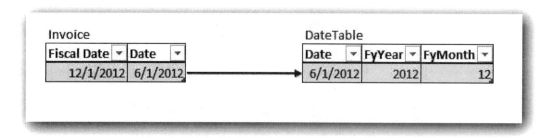

图 3 – 28　将来自计算列中的值添加到了每一行当中

吉姆现在将发票表中的会计日期和日期列隐藏，因为其作用仅仅是用来创建关系。要在数据透视表中使用日期，吉姆需要使用日期表中的值。

> 通过鼠标右键点击一列并选择"从客户端工具隐藏"（见图 3 – 40），可以隐藏该列。当该列在数据视图中呈灰色显示时，说明该列已被隐藏，看看如图 3 – 29 中所示的日期列。

吉姆正准备创建一个计算字段，来选择"发票表中的绝对最近会计日期"。他选择发票表，并在计算区域中突出显示了一个空白位置。

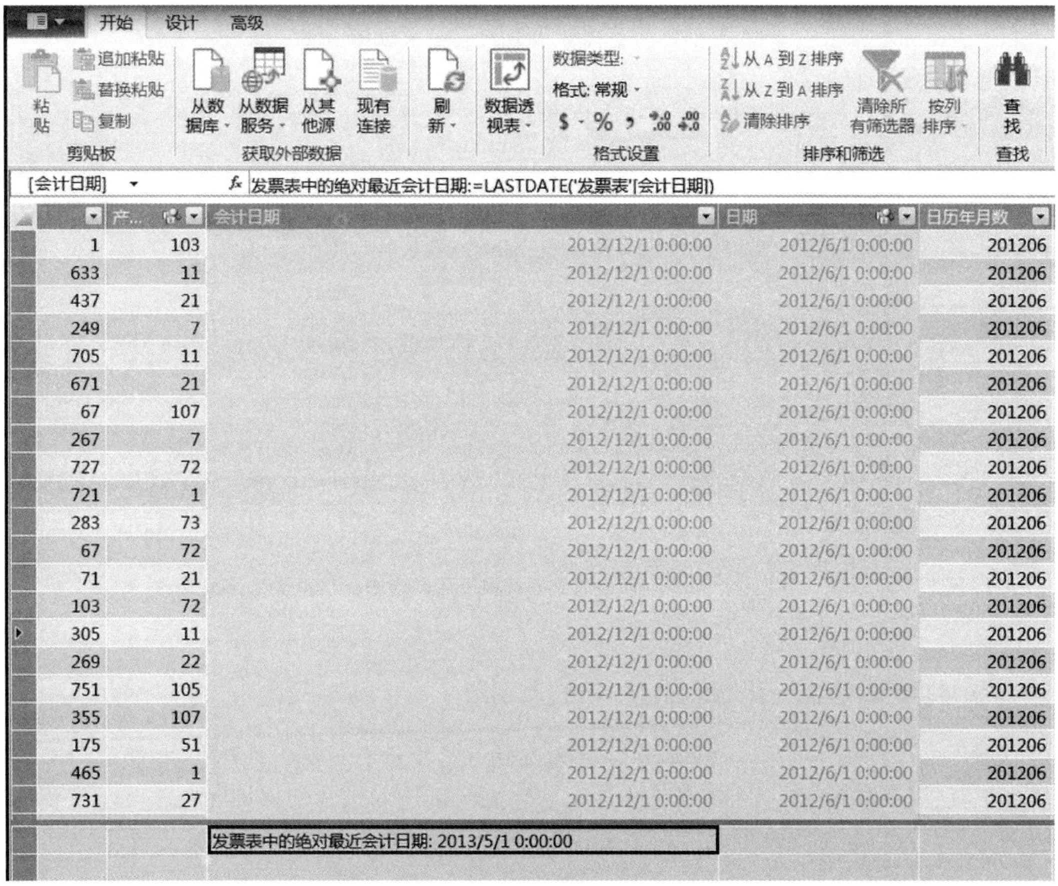

图 3 – 29 向 Power Pivot 中添加计算字段

在所选择位置输入以下公式：

[发票表中的绝对最近会计日期]

: = LASTDATE('发票表'[会计日期])

吉姆希望该计算字段总是返回已有发票记录中的最近日期。为了对公式的运行进行测试，他创建了一个数据透视表，在 Power Pivot 窗口选择了"开始"选项卡，单击数据透视表按钮。Power Pivot 在 Excel 内部创建了数据透视表。在数据透视表字段窗格中，吉姆向行区域（Rows）下方添加了来自日期表中的财政年度和会计月份，在值区域（Values）下添加了"发票表中的绝对最近会计日期"计算字段。不幸的是吉姆并未得到预期的结果：返回到数据透视表中的并非发票表中的最近会计日期，而是个逐月的最后一天发票会计日期。

图 3-30　将计算字段添加到数据透视表后，吉姆能检查最终结果

Power Pivot 提示：筛选上下文和 CALCULATE 函数

　　无论是在行区域、列区域、筛选器，抑或在切片器上进行选择，DAX 返回的都是筛选后的值。在 DAX 中，这种习性称为筛选上下文。在此种情况下能自动地为（位于数据透视表的行区域上的）FyYear（财政年度）和 FyMonth（会计月份），筛选出计算字段的值。

行标签 ▼	Absolute Last Invoice Fiscal Date
⊟ **2010**	**2010/12/1 0:00**
7	2010/7/1 0:00
8	2010/8/1 0:00
9	2010/9/1 0:00
10	2010/10/1 0:00
11	2010/11/1 0:00
12	2010/12/1 0:00
⊟ **2011**	**2011/12/1 0:00**
1	2011/1/1 0:00
2	2011/2/1 0:00
3	2011/3/1 0:00

图 3-31　在两个突出显示的行当中，LASTDATE 公式仅返回数据透视表中所对应月份的最近日期

　　由于筛选上下文是 DAX 中最重要的一个概念，为了确保理解，我想花点时间考虑一个简单例子。想象一下在创建计算字段时的这种情况：

　　[收入总额] =
　　SUM('发票表'[销售收入])

　　该计算字段将向一个名为发票表 [销售收入] 的列中添加所有数值。但是，依据是什么？

来看看把该计算字段置于数据透视表中时会发生什么。

图 3 - 32 数据透视表中只有一个计算字段

当将计算字段置于一个既无行标签也无列标签的数据透视表中时,你会得到整个表格中"发票表"[销售收入]列的全部值;也就是说,并未对值应用任何筛选器。现在就来看看将地区字段添加到行区域后会产生何种影响。

行标签 ▼	以下项目的总和: 营业额
北部	¥3,677,689.14
东部	¥17,940,617.03
南部	¥665,509.62
西部	¥32,161,621.61
中部	¥3,754,356.93
总计	**¥58,199,794.34**

图 3 - 33 同一个计算字段,现在显示出各个区域的结果

所发生的行为正是你所期望的,对不对? 现在的值按地区分类汇总,并带有一个总计。其中的工作原理是什么? 这里所发生的过程是,销售收入计算字段共计算了六次:先是在每个区域的筛选下来计算,还有一次是在总计中计算。还可以使报告稍微更有意义些,如图 3 - 34 所示。

以下项目的总和:

营业额	列标签 ▼				
行标签 ↲	2010	2011	2012	2013	总计
中部	¥286,994.41	¥986,908.96	¥1,551,512.17	¥928,941.39	¥3,754,356.93
西部	¥6,881,623.82	¥12,036,067.30	¥10,459,363.38	¥2,784,567.12	¥32,161,621.61
南部		¥83,444.68	¥207,846.84	¥374,218.10	¥665,509.62
东部	¥2,950,705.01	¥5,804,856.22	¥6,016,269.95	¥3,168,785.85	¥17,940,617.03
北部	¥231,857.34	¥730,040.97	¥1,201,496.17	¥1,514,294.65	¥3,677,689.14
总计	**¥10,351,180.58**	**¥19,641,318.13**	**¥19,436,488.51**	**¥8,770,807.12**	**¥58,199,794.34**

图 3 - 34 行和列上对应了更多值,意味着计算字段执行了多次计算

这里数据透视表中每个单元格的筛选上下文更复杂。例如,当看看 2012 财政年度和 NORTH(北部)的销售收入求和项,你就会看到数据透视表中的每个单元格,由 2012 财政年度和 NORTH(北部)来共同筛选。

以下项目的总和:					
营业额	列标签 ▼				
行标签 ↴	2010	2011	2012	2013	总计
中部	¥286,994.41	¥986,908.96	¥1,551,512.17	¥928,941.39	¥3,754,356.93
西部	¥6,881,623.82	¥12,036,067.30	¥10,459,363.38	¥2,784,567.12	¥32,161,621.61
南部		¥83,444.68	¥207,846.84	¥374,218.10	¥665,509.62
东部	¥2,950,705.01	¥5,804,856.22	¥6,016,269.95	¥3,168,785.85	¥17,940,617.03
北部	¥231,857.34	¥730,040.97	¥1,201,496.17	¥1,514,294.65	¥3,677,689.14
总计	¥10,351,180.58	¥19,641,318.13	¥19,436,488.51	¥8,770,807.12	¥58,199,794.34

图 3-35　销售收入的求和项的值是由 2012 财政年度和北部筛选得到的

这意味着什么呢？记住无论将筛选器置于行区域、列区域、报表筛选区域，还是位于切片器上，所有计算字段都是由筛选而来的；这就是计算字段的筛选上下文。想象一下，筛选上下文为一个小的子模型，带有由行/列/筛选器或者切片器所筛选出的值。这是掌握 Power Pivot 最重要的基本概念，所以需要确保理解。

重要的是将这种习性与 DAX 数据分析表达式一同使用。某些 DAX 函数可以告诉 DAX 引擎忽略掉某个由报表设置的筛选器，并可将一直以来所用的筛选器替代掉。

DAX 中最强大的函数是 CALCULATE 函数，可以这样使用：

CALCULATE(< expression >, < filter1 >, < filter2 >...)

下面是 MSDN（http: //ppivot. us/ub50Z）关于该函数的表述："在由指定筛选器调整后的上下文中，来对表达式计值。"

换句话说，CALCULATE 函数允许通过表达式，来表达所拥有的筛选器。下面是个例子：

[销售收入的求和项 CALC]

= CALCULATE(

　　　　SUM([销售收入]),

　　　　'政治地理表'[区域] = "北部"

　　　　)

此时告诉 Power Pivot 引擎，将 SUM（[销售收入]）表达式的筛选器设置为'政治地理表'[区域] = "北部"，在图 3-36 中可以看到，当将该计算字段置于数据透视表中时其报表形态如何。

营业额 - CALC	列标签 ▼				
行标签 ↴	2010	2011	2012	2013	总计
中部	¥231,857.34	¥730,040.97	¥1,201,496.17	¥1,514,294.65	¥3,677,689.14
西部	¥231,857.34	¥730,040.97	¥1,201,496.17	¥1,514,294.65	¥3,677,689.14
南部	¥231,857.34	¥730,040.97	¥1,201,496.17	¥1,514,294.65	¥3,677,689.14
东部	¥231,857.34	¥730,040.97	¥1,201,496.17	¥1,514,294.65	¥3,677,689.14
北部	¥231,857.34	¥730,040.97	¥1,201,496.17	¥1,514,294.65	¥3,677,689.14
总计	¥231,857.34	¥730,040.97	¥1,201,496.17	¥1,514,294.65	¥3,677,689.14

图 3-36　对 CALCULATE 中的筛选器参数进行设置，以覆盖任何外部筛选器

如果将图 3-36 同图 3-35 比较，就可以看出，每个区域（每行）都重复相同，在此种情况下为北方区域。这时观察到的年度（FyYear）列的值仍正常筛选，这非常重要。因此只要想向筛选器参数中添加一个字段，就会忽略掉该字段上的"外部"筛选器，而被那些添加到计算字段的筛选器所替代。下面是个例子：

［销售收入的求和项 CALC］

= CALCULATE(

      SUM(［销售收入］),

      ALL('政治地理表'［区域］)

)

在这种情况下，告诉 Power Pivot 引擎，将 SUM（［销售收入］）表达式的筛选器设置为政治地理［地区］（'政治地理表'［区域］）的全部值，每次计算字段执行时都有效地去除了筛选器。

营业额-CALC-2 列标签 ▼					
行标签 ↓	2010	2011	2012	2013	总计
中部	¥10,351,180.58	¥19,641,318.13	¥19,436,488.51	¥8,770,807.12	¥58,199,794.34
西部	¥10,351,180.58	¥19,641,318.13	¥19,436,488.51	¥8,770,807.12	¥58,199,794.34
南部	¥10,351,180.58	¥19,641,318.13	¥19,436,488.51	¥8,770,807.12	¥58,199,794.34
东部	¥10,351,180.58	¥19,641,318.13	¥19,436,488.51	¥8,770,807.12	¥58,199,794.34
北部	¥10,351,180.58	¥19,641,318.13	¥19,436,488.51	¥8,770,807.12	¥58,199,794.34
总计	¥10,351,180.58	¥19,641,318.13	¥19,436,488.51	¥8,770,807.12	¥58,199,794.34

图 3 - 37　使用 ALL 作为 CALCULATE 中的筛选器，能有效去除每个单元格上的筛选器

筛选上下文和 CALCULATE 函数，是能从 Power Pivot 和 DAX 中得到指标的主要工具。

Rob Collie 的 *DAX Formulas for Power Pivot* 中讲述了更多有关筛选上下文的详细内容：http：//ppivot. us/gYukh。

吉姆更改了计算字段，以确保整个表格中的最近日期得以计算：

发票表中的绝对最近会计日期：=

= CALCULATE(

      LASTDATE('发票表'［会计日期］),

      ALL('发票表')

)

通过使用 CALCULATE 和 ALL 函数，可告诉 PowerPivot 引擎总是对发票表中的所有行计算出'发票表'［日期］列的最近日期，从而忽略掉任何筛选器。

吉姆回到数据透视表，观察到当前数据透视表中的所有行所返回的值都相同。

行标签 ▼	发票表中的绝对最近会计日期
⊟2010	2013/5/1 0:00
7	2013/5/1 0:00
8	2013/5/1 0:00
9	2013/5/1 0:00
10	2013/5/1 0:00
11	2013/5/1 0:00
12	2013/5/1 0:00
⊟2011	2013/5/1 0:00

图 3 - 38　现在计算得到的，是整个发票表的最近日期

现在吉姆需要向日期表中添加一个新列，用筛选器来选择当前财政年度。他会在日期表中创建两个新的计算列来检查当前财政年度：

［是否当前财年］=
IF（
　　［财政年度］= YEAR（［发票表中的最近财年日期］），
　　1，
　　0
　　）

如果来自财政年度列中的值，与发票表最近会计日期（［发票表中的最近财年日期］）计算字段所返回的年份部分相同，此计算列返回 1。

而且当日期表的行，为当前会计月份时，用类似的函数添加一列并返回 1：

［是否当前会计月份］
= IF（
　　［财政年度］= YEAR（［发票表中的最近财年日期］）
　　&&
　　［会计月份］= MONTH（［发票表中的最近财年日期］），
　　1，
　　0
　　）

这些计算列将日期表中当前财年年度和会计月份列的值，同［发票表中的最近财年日期］计算字段所返回的年份和月份进行比较。如果两个值相同，则计算字段返回 1；否则返回 0。

[是否当前会... ▾	✗ ✓ ƒx	=IF(

```
[财政年度]=YEAR([发票表中的绝对最近会计日期])
&&
[会计月份]=MONTH([发票表中的绝对最近会计日期]),
1,0)
```

年内日期数 ▾	星期数 ▾	是否当前财年 ▾	财政年度 ▾	是否当前会计月份 ▾	会计月份 ▾
183	27	1	2013	0	1
184	27	1	2013	0	1
185	27	1	2013	0	1
186	27	1	2013	0	1
187	27	1	2013	0	1
188	27	1	2013	0	1
189	27	1	2013	0	1
190	28	1	2013	0	1
191	28	1	2013	0	1
192	28	1	2013	0	1

图 3 – 39　每当刷新数据时，计算列中的公式会重新计值

应用时间计算

现在已创建了关系并通过添加计算列来增强数据模型，吉姆可以集中精力于向模型中添加其他要素，来得到业务所需的结果。预计需要添加多个与日期相关的计算字段——例如，使用累计合计、上月同期、年初至今（YTD）等。

Power Pivot 提示：时间智能函数

DAX 中包含多个简化时间处理的函数。这些函数称为时间智能函数。

对于一个 DAX 新手用户，使用时间智能函数还是相当困难的。要轻松地使用这些函数，对任何工作簿都可套用以下"黄金法则"：

1. 不要将来自事实表的日期列，作为时间智能函数中的日期参数

记得之前探讨过的筛选上下文概念？试想一下，将年份添加到数据透视表中的行区域。Power Pivot 会自动筛选行上下文，以仅包含该年份的值。如果想与上年同期比较，则需要覆盖筛选上下文。用 DAX 是可以搞定，但很快就会变得比较笨拙。当遵循以下规则："DAX 时间函数中的日期列应避免使用来自事实表的日期列"。那就不必担心此问题，因为函数可以覆盖这些筛选器。

2. 务必创建一个单独的日期表

日期表应至少包含一个日期列，涵盖要报告的首个日期和最后日期，以及在报告中想要使用的任何列，如年份和月份。这通常是时间智能函数中可使用的日期参数。

3. 务必确保日期表中所包含的日期范围连续

在浏览并操控时间时，DAX 使用的是日期列。比如在数据透视表中已经选择了 2013 年 1 月，并且要显示上一年的销售额。DAX 将使用日期表自动决定 2013 年 1 月的日期范围，然后使用该日期范围确定 2012 年 1 月的日期范围，如果日期表缺失某些 2013 年 1 月中的日期，那么也会缺失上一年中的相应日期，可能有些销售额也会随之遗漏掉。

4. 创建事实表和日期表之间的关系

通过关系就可以在数据透视表中使用来自日期表中的值。

5. 日期表中日期列的粒度应当以天为单位（不能有小数）

DAX 支持的日期粒度不应小于天。出于性能和压缩的原因，最好将日期中的时间部分去除掉。

6. 将日期表标记为 Power Pivot "日期表"，并设置日期列

这会告知 DAX 日期表中的哪列为日期列，尤其当用来创建关系所用的列并非那个日期类型列时，尤为有用。

欲了解更多信息，请参阅http：//ppivot. us/DYBUJ。

吉姆选择了发票表中的两个日期列，并隐藏。这么做的目的是确保报告中不会使用来自发票表的日期字段。虽然在 Excel 数据透视表中这两个日期列是隐藏的，但仍然可用于 DAX 公式中。

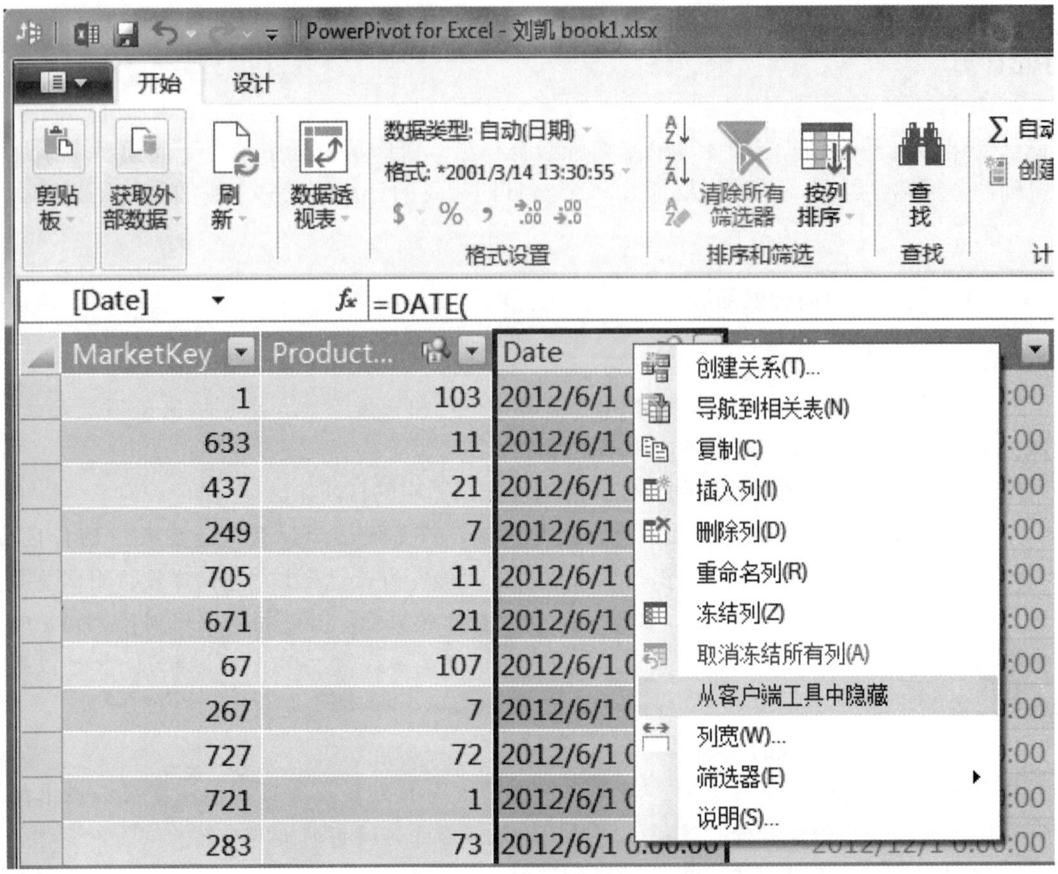

图 3－40　总是将那些报告中用不上的列隐藏掉

　　由于符合所有要求，吉姆打算使用数据源中可用的日期表。他还建立起日期表和事实表之间的关系。吉姆选择日期表，然后选择"设计"、"标记为日期表"。在出现的"标记为日期表"对话框中，他选择了日期列，并单击"确定"。

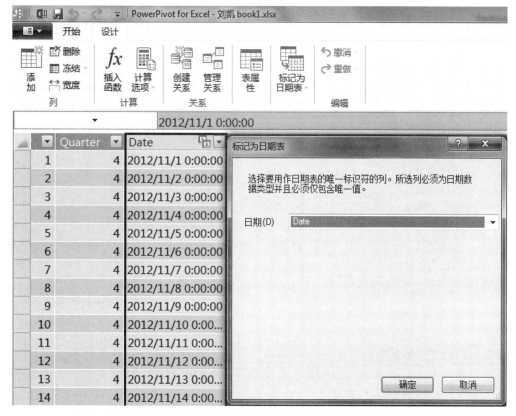

图3-41 需要将日期表中的一列标记为日期表,以便时间智能函数生效

吉姆已为对模型使用时间智能函数做好了准备。

Power Pivot 提示:用特殊日历(如4-4-5)来处理数据

除了正常日历以外,还有许多用于某些报告场景的特殊日历。

用于管理会计期间的常见自定义日历是"4-4-5"日历。该日历广泛应用于零售业、制造业和停车业。DAX 时间智能函数难以用于4-4-5等特殊日历。时间智能函数必须使用真实的日期列,才能对时间进行遍历。

在4-4-5日历中,日期是无法预知的。在这种日历类型中,一年分为四个季度。每个季度有13个星期,并由两个4周的"月份"和一个5周的"月份"组成。同时,期间总是以星期的同一天结束,使得更易于按星期进行比较。虽然这种日历类型无法使用内置时间智能函数,仍然可以使用 Power Pivot 和 DAX 来处理这种特殊日历。图3-42显示了一个4-4-5日历的例子,来对传统日期的偏移进行调整。

日期	月份简称	月份名称	年内日期数	星期数	445年数	445月数
2012/7/27 0:00:00	Jul	七月	209	30	2012	7
2012/7/28 0:00:00	Jul	七月	210	30	2012	7
2012/7/29 0:00:00	Jul	七月	211	31	2012	7
2012/7/30 0:00:00	Jul	七月	212	31	2012	8
2012/7/31 0:00:00	Jul	七月	213	31	2012	8
2012/8/1 0:00:00	Aug	八月	214	31	2012	8
2012/8/2 0:00:00	Aug	八月	215	31	2012	8

图3-42 4-4-5日历使用了不规则日期

　　观察图 3-42，新期间并非始于"真正"月份的第一天，而是最近的星期日。这形成了不规则模式，其中某些月份包含的日期比其他月份多，而且期间跨越了月份/年份的自然边界。如果将 445 年数和 445 月数置于行区域，并对每个期间的天数计数，就可以看到存在一个 28、28 和 35 天模式。

2012P05	¥1,596,141.88	28
2012P06	¥3,371,386.20	35
2012P07		28
2012P08	¥1,669,749.41	28
2012P09	¥1,736,790.86	35
2012P10	¥1,817,424.32	28
2012P11	¥1,840,663.56	28
2012P12	¥1,550,087.81	36
2012 汇总	**¥18,082,810.53**	**366**

图 3-43　在 4-4-5 日历中每个期间的天数

　　那么如何处理？很显然无法依赖于"真正"日期，所以需要一些其他机制来运作。此外还有一些东西没有太大的意义，例如由于天数并非真正匹配，环比的意义不大。但由于同一模式逐年重复，同比更有意义些。

　　让我们来看两个例子：如何得到上年同期，并且如何在 4-4-5 日历中进行年初至今（YTD）汇总。

　　为了能用这种特殊日历工作，需要确保要处理的每期都有一个数值型值。在上面图中，可以看到［445 年数］列和［445 月数］列包含了可用于处理的数值型的值。

　　要添加的第一个计算字段是从上年同期那里得到收入总额：

```
［上年全年收入总额］=
IF (
    HASONEVALUE('日期表'[445 年数]),
    CALCULATE([收入总额],ALL('日期表'),
    '日期表'[445 年数]=VALUES('日期表'[445 年数])-1
        )
    )
```

　　在该计算字段中，检查所选的是否是个 445 年数（使用 HASONEVALUE），如果是，就计算出'日期表'［445 年数］等于当前数据透视表中所选'日期表'［445 年数］减 1 时的［收入总额］；通过使用 ALL 函数可忽略日期表中的任何其他筛选器。此函数并非使用实际日期列来遍历时间，而是直接使用来自数据源中的列。

　　添加此计算字段到数据透视表中，就得到所需结果，如图 3-44 所示。

行标签	营业额的总和	上年全年营业总额
⊟ **2011**	**¥19,559,182.62**	**¥20,557,801.19**
2011P01		¥20,557,801.19
2011P02	¥1,626,721.29	¥20,557,801.19
2011P03	¥2,943,650.43	¥20,557,801.19
2011P04	¥1,615,586.60	¥20,557,801.19
2011P05		¥20,557,801.19
2011P06	¥3,219,881.62	¥20,557,801.19
2011P07		¥20,557,801.19
2011P08	¥1,648,915.76	¥20,557,801.19
2011P09	¥3,486,649.42	¥20,557,801.19
2011P10		¥20,557,801.19
2011P11	¥1,623,453.75	¥20,557,801.19
2011P12	¥3,394,323.75	¥20,557,801.19
⊟ **2012**	**¥18,082,810.53**	**¥19,559,182.62**
2012P01		¥19,559,182.62
2012P02	¥1,468,985.39	¥19,559,182.62
2012P03	¥3,031,581.11	¥19,559,182.62
2012P04		¥19,559,182.62
2012P05	¥1,596,141.88	¥19,559,182.62
2012P06	¥3,371,386.20	¥19,559,182.62
2012P07		¥19,559,182.62
2012P08	¥1,669,749.41	¥19,559,182.62
2012P09	¥1,736,790.86	¥19,559,182.62
2012P10	¥1,817,424.32	¥19,559,182.62
2012P11	¥1,840,663.56	¥19,559,182.62
2012P12	¥1,550,087.81	¥19,559,182.62
总计	**¥37,641,993.15**	

图 3-44 在 4-4-5 日历中的上年全年收入总额

接下来需要计算上年同期。这个计算字段与刚刚所创建的非常相似:

[上年同月收入总额] =

IF (

HASONEVALUE('日期表'[445 年数])&&HASONEVALUE('日期表'[445 月数]),

CALCULATE([收入总额],ALL('日期表'),

'日期表'[445 年数] = values('日期表'[445 年数]) - 1

,'日期表'[445 月数] = values('日期表'[445 月数])

)

)

在此种情况下,要先检查 445 年数和 445 月数以供选择。在此基础上,要转到上一年 445

年数但仍筛选带有相同值的 445 月数。就会得到上年同月。

行标签	营业额的总和	上年同月营业总额
⊟ 2011	¥19,559,182.62	
2011P02	¥1,626,721.29	¥1,748,978.93
2011P03	¥2,943,650.43	¥3,394,543.98
2011P04	¥1,615,586.60	¥1,728,067.33
2011P06	¥3,219,881.62	¥3,423,516.23
2011P07		¥1,696,727.20
2011P08	¥1,648,915.76	
2011P09	¥3,486,649.42	¥3,366,633.64
2011P11	¥1,623,453.75	¥1,664,064.20
2011P12	¥3,394,323.75	¥3,535,269.69
⊟ 2012	¥18,082,810.53	
2012P02	¥1,468,985.39	¥1,626,721.29
2012P03	¥3,031,581.11	¥2,943,650.43
2012P04		¥1,615,586.60
2012P05	¥1,596,141.88	
2012P06	¥3,371,386.20	¥3,219,881.62
2012P08	¥1,669,749.41	¥1,648,915.76
2012P09	¥1,736,790.86	¥3,486,649.42
2012P10	¥1,817,424.32	
2012P11	¥1,840,663.56	¥1,623,453.75
2012P12	¥1,550,087.81	¥3,394,323.75
总计	¥37,641,993.15	

图 3 – 45 按 445 期间的上年同月收入总额

现在，最终的计算字段中可以使用 HASONEVALUE 将两个计算字段组合起来，这样用户可基于数据透视表中所显示的内容，用一个计算字段来搞定：

［上年 455 收入总额］=
IF（HASONEVALUE('日期表'[445 期间]），
［上年同月收入总额］，
IF（HASONEVALUE('日期表'[445 年数]），
［上年全年收入总额］
）
）

将该计算字段置于数据透视表后就会得到一个结果，在每个 4 – 4 – 5 期间同上年同期之间比较收入总额。

行标签	营业额的总和	上年445营业总额
⊟2011	¥19,559,182.62	¥20,557,801.19
2011P02	¥1,626,721.29	¥1,748,978.93
2011P03	¥2,943,650.43	¥3,394,543.98
2011P04	¥1,615,586.60	¥1,728,067.33
2011P06	¥3,219,881.62	¥3,423,516.23
2011P07		¥1,696,727.20
2011P08	¥1,648,915.76	
2011P09	¥3,486,649.42	¥3,366,633.64
2011P11	¥1,623,453.75	¥1,664,064.20
2011P12	¥3,394,323.75	¥3,535,269.69
⊟2012	¥18,082,810.53	¥19,559,182.62
2012P02	¥1,468,985.39	¥1,626,721.29
2012P03	¥3,031,581.11	¥2,943,650.43
2012P04		¥1,615,586.60
2012P05	¥1,596,141.88	
2012P06	¥3,371,386.20	¥3,219,881.62
2012P08	¥1,669,749.41	¥1,648,915.76
2012P09	¥1,736,790.86	¥3,486,649.42
2012P10	¥1,817,424.32	
2012P11	¥1,840,663.56	¥1,623,453.75
2012P12	¥1,550,087.81	¥3,394,323.75
总计	¥37,641,993.15	

图 3-46 用 4-4-5 日历逐年比较收入总额

另一个有意义的计算是确定 4-4-5 日历的年初至今（YTD）收入总额：

［445 年初至今收入总额］=

IF (

　　HASONEVALUE ('日期表' ［445 年数］) &&HASONEVALUE ('日期表' ［445 月数］),

　　CALCULATE (［收入总额］, ALL ('日期表'),

　　　　'日期表' ［445 年数］ = VALUES ('日期表' ［445 年数］),

　　　　'日期表' ［445 月数］ < = VALUES ('日期表' ［445 月数］)

　　　　　　　),

　　［收入总额］

　　)

该计算字段是对上一个主题的变种。然而此种情况下要保持当年筛选器不变，但对所有月份的收入总额进行计算（直到并包括数据透视表中所用的当前月份）。添加到此数据透视表后给出了 4-4-5 日历的年初至今（YTD）计算。

行标签	营业额的总和	上年455营业总额	445年初至今营业总额
2011	**¥19,559,182.62**	**¥20,557,801.19**	**¥19,559,182.62**
2011P02	¥1,626,721.29	¥1,748,978.93	¥1,626,721.29
2011P03	¥2,943,650.43	¥3,394,543.98	¥4,570,371.72
2011P04	¥1,615,586.60	¥1,728,067.33	¥6,185,958.32
2011P05			¥6,185,958.32
2011P06	¥3,219,881.62	¥3,423,516.23	¥9,405,839.93
2011P07		¥1,696,727.20	¥9,405,839.93
2011P08	¥1,648,915.76		¥11,054,755.70
2011P09	¥3,486,649.42	¥3,366,633.64	¥14,541,405.11
2011P10			¥14,541,405.11
2011P11	¥1,623,453.75	¥1,664,064.20	¥16,164,858.86
2011P12	¥3,394,323.75	¥3,535,269.69	¥19,559,182.62
2012	**¥18,082,810.53**	**¥19,559,182.62**	**¥18,082,810.53**
2012P02	¥1,468,985.39	¥1,626,721.29	¥1,468,985.39
2012P03	¥3,031,581.11	¥2,943,650.43	¥4,500,566.50
2012P04		¥1,615,586.60	¥4,500,566.50
2012P05	¥1,596,141.88		¥6,096,708.38
2012P06	¥3,371,386.20	¥3,219,881.62	¥9,468,094.59
2012P07			¥9,468,094.59
2012P08	¥1,669,749.41	¥1,648,915.76	¥11,137,843.99
2012P09	¥1,736,790.86	¥3,486,649.42	¥12,874,634.85
2012P10	¥1,817,424.32		¥14,692,059.17
2012P11	¥1,840,663.56	¥1,623,453.75	¥16,532,722.72
2012P12	¥1,550,087.81	¥3,394,323.75	¥18,082,810.53
总计	**¥37,641,993.15**		**¥37,641,993.15**

图 3-47　使用 4-4-5 日历的年初至今（YTD）计算

> 正如你所见，无须使用内置时间智能函数来处理日历和时间。使用这些函数确实能轻松许多。当然有些特殊日历也可能需要不同方法。有关其他一些方法，可在 Rob Collie（http：//ppivot. us/qahr6）和 Marco Russo（http：//ppivot. us/eKcKI）的博客文章中找到。

过去 12 个月的报告

吉姆需要过去 12 个月报告。并非通过使用计算解决这一问题，吉姆决定将向日期表中添加一个计算列，作为数据透视表的筛选器：

绝对最近日期：= CALCULATE（LASTDATE（'发票表'［日期］），ALL（'发票表'））

［过去 12 个月］=

IF（

［日期］> = EOMONTH（［发票表中的绝对最近会计日期］，- 12）+ 1

&&

［日期］< = EOMONTH（［发票表中的绝对最近会计日期］,0），

1,

0

）

当日期值，是位于最近发票日期12个月之前的月份首日，和最近发票日期月份的月底之间时，此计算列返回1。

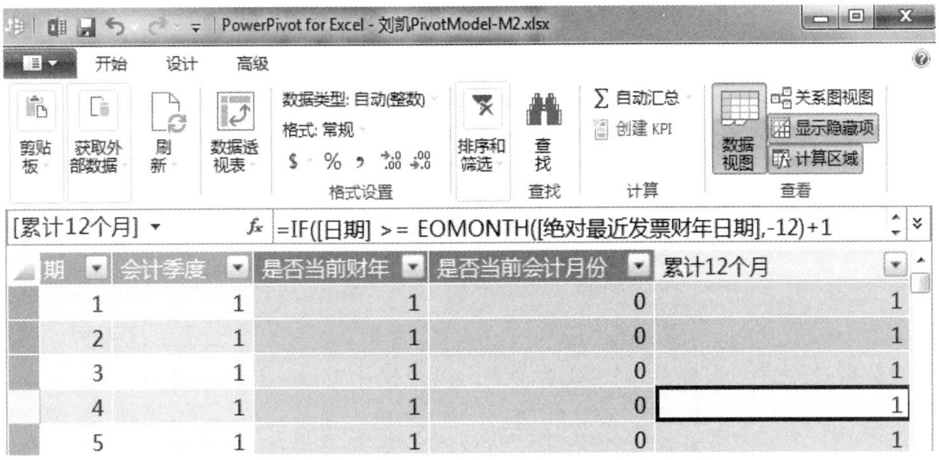

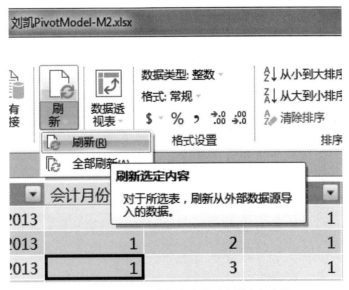

图 3-48 每次刷新数据时，计算列中的公式重新计值

吉姆现在能更轻松地在报告中使用该计算列。

更新数据

在准备模型的这两天当中增加了新的可用数据，在仪表板中吉姆需要使用这些新数据。Power Pivot 可轻易加载新数据。吉姆只需单击 Power Pivot 选项卡的刷新按钮，就可以获得两个选项："刷新"以及"全部刷新"。

图 3-49 刷新单个表格或模型中的全部表格

刷新数据也会导致计算列重新计算。因此，例如当带有后续日期的新的发票数据加载到模型中时，是否当前会计月份列随后可返回不同的值。

吉姆已将模型准备好，并开始分析并创建自己的仪表板。

4

在 Excel 中建立仪表板

使用上一章节中所建立的 Excel 数据模型，在本章中吉姆在 Excel 中创建了仪表板。通过使用 Excel 的原生特性，如数据透视表、数据透视图和迷你图，以及使用 Power Pivot DAX 公式，吉姆创建了仪表板所需的各类数据可视化对象，以得到所需的值。

Excel 中的初始设置

现在吉姆已在模型布局方面做好了准备，并开始建立仪表板和报告。在开始之前，通过应用 Excel 最佳实践，吉姆创建了仅包含原始数据的工作表以供报表和仪表板使用，但对该工作表进行隐藏，以避免用户看到。

吉姆知道还需要收集一些在仪表板中呈现的基本信息，以及需要确定回答以下问题的信息收集方法：

- 报表中所用数据的最近日期是哪天？数据的及时度如何？
- 报表中的当前年度和当前月份是何年何月？

该工作簿中的一个工作表，包含用于验证上一会计日的度量的数据。吉姆添加了一个新工作表 Sheet2，并重命名为数据表。他随后删除了不再需要的 Sheet1。

吉姆想要展示发票表的最近日期，来显示报告中含有数据的最近日期是哪天。为此他向模型中添加了一个新的计算字段，看起来非常像［发票表的绝对最近会计日期］计算字段（参见第 3 章）。他选择 Power Pivot，"计算字段"、"新建计算字段"。

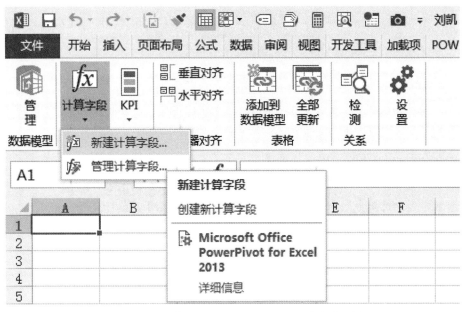

图 4 - 1　将计算字段添加到 Power Pivot 数据模型中

吉姆可通过出现的计算字段对话框，向 Power Pivot 模型中添加表达式。吉姆添加的表达式如下：

［发票表中的绝对最近会计日期］=

CALCULATE(

　　　LASTDATE('发票表'［日期］)，

　　　ALL('发票表')

　　　)

fx	'发票表中的绝对最近日期:=CALCULATE(LASTDATE('发票表'[日期]),ALL('发票表'))'		

▼ 产...	▼ 会计日期	▼ 日期	
1	103	2012/12/1 0:00:00	2012/6/1 0:00:00
633	11	2012/12/1 0:00:00	2012/6/1 0:00:00
437	21	2012/12/1 0:00:00	2012/6/1 0:00:00
249	7	2012/12/1 0:00:00	2012/6/1 0:00:00
705	11	2012/12/1 0:00:00	2012/6/1 0:00:00
671	21	2012/12/1 0:00:00	2012/6/1 0:00:00
67	107	2012/12/1 0:00:00	2012/6/1 0:00:00
267	7	2012/12/1 0:00:00	2012/6/1 0:00:00
727	72	2012/12/1 0:00:00	2012/6/1 0:00:00
721	1	2012/12/1 0:00:00	2012/6/1 0:00:00
283	73	2012/12/1 0:00:00	2012/6/1 0:00:00
67	72	2012/12/1 0:00:00	2012/6/1 0:00:00
71	21	2012/12/1 0:00:00	2012/6/1 0:00:00
103	72	2012/12/1 0:00:00	2012/6/1 0:00:00
305	11	2012/12/1 0:00:00	2012/6/1 0:00:00
269	22	2012/12/1 0:00:00	2012/6/1 0:00:00

发票表中的绝对最近会计日期: 2013/5/1 0:00:00　　发票表中的绝对最近日期: 2012/11/1 0:00:00

图 4 - 2　向数据模型中添加了一个表达式

> 多亏了 ALL（'发票表'）参数，该表达式得到了那些对于发票表中所有行而言，日期列中的 LASTDATE 值。

吉姆然后通过选择短日期格式来设置"格式字符串 - 短日期"。

> 当为某个计算字段设置格式时，可将格式设置存储于字段中，以便在每次使用时都呈现出一致的格式。你还可以在工作表上使用单元格格式，将此格式覆盖掉。

现在，吉姆回到"数据表"工作表并创建了一个数据透视表。在字段区域中，他向行区域中添加了财政年度和会计月份，用选定的值 1 向筛选区域中添加了"是否当前会计月份"，向值区域中添加了"发票表中的绝对最近会计日期"。此数据透视表提供了 3 个能用于报告中的值。

图 4 – 3　创建数据透视表，以得到发票表绝对最近日期

吉姆注意到公司的报告通常会明确区分财年日期和普通日历日期。因此他决定添加两个计算列，向模型当中加入财年标签。他打开 Power Pivot 窗口，选择日期表，并用鼠标右键单击会计月份列，然后选择"插入列"插入到一侧。

图 4 - 4　在 Power Pivot 两列之间插入计算列

吉姆使用以下 3 种 DAX 公式来得到正确标签：

　　财年标签、会计月份标签、会计季度标签。

　　　　［财年标签］=＂FY＂&RIGHT（［财政年度］,2）

　　该公式在财政年度列的最后两个字符前添加了文本 FY。

　　　　［会计月份标签］= =＂M＂&FORMAT（［会计月份］,＂00＂）

　　该公式在财年月份列前添加了文本 M，而且当月份仅含单个字符时，在结尾前添加了 0。

　　　　［会计季度标签］= =＂Q＂&FORMAT（［会计季度］,1）

　　该公式在会计季度列前添加了文本 Q。

图 4 - 5　向 Power Pivot 中添加 3 种计算列

　　吉姆现在将财政年度和会计月份列更换为新的财年标签和会计月份标签后，可以看到数据透视表中使用了更新后的词汇。

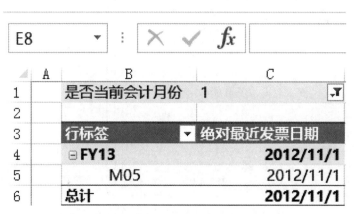

图 4 - 6　　添加到数据透视表的会计日历年度标签

创建仪表板

　　模型已准备到位，吉姆现在就可以开始创建实际的仪表板了。在进一步动手创建仪表板之前，吉姆需要进行规划。

规划仪表板并为仪表板做储备

　　仪表板的目标是帮助管理团队迅速获得所需见解，所以吉姆建立了一份董事会提出的列表，然后按优先次序列示如下：

　　1. 企业运营状况如何？关键指标表现如何？
　　2. 所有地区的收入都有起色了吗？
　　3. 新增公共关系投入对新市场产生的影响是否足够？
　　4. 我们最重要的产品是什么？是否有所改善？
　　5. 降低成本的投入是否如期所望？

　　仪表板提示：选择适当信息

　　　　建立仪表板的黄金准则在于，要短时间内提供易于理解和读取的信息。仪表板中空间有限，需要对仪表板中包括哪些信息做出艰难的取舍决策。除了亲自访谈仪表板用户外，通常最好阅读公司的经营计划和年度报告。这些报告通常勾勒出短期（下 1 年）计划和长期计划、意图举措和目标。这些项目通常反映大多数董事会的高层策略，基于这些可用资料见解出那些业务发现值得关注，以及那些不值得关注。

　　基于同管理层的访谈，吉姆已有些决策。其中最重要的教训在于，他已学会了随着时间的推移，不断与"客户"（在此种情况下是财务总监）快速迭代。他经常迅速向 CFO 发送电子邮件进行反馈，以确保为决策提供有用信息。

　　仪表板提示：进行短期迭代并经常获取反馈

　　　　随着仪表板的持续改进，确保从那些使用仪表板的用户那里得到反馈。向他们展示已包括了哪些信息，并要求他们提供输入。最终他们必须要用，而你的工作就是确保信息得以正确传达。最好尽早得到负面反馈，以避免做出很多无用功。此外，通过将用户纳入设计过程中并让他们也负责设计一部分，出于贡献，他们将更易于接受最终结果。

设置仪表板

吉姆现在向 Excel 工作簿中增加了一个新工作表，并命名为"仪表板"。在每个 Excel 工作表上创建报表并保持两个纵行和一个横行为空。他用一个横行和一个纵行来创建报告与边框之间的间距。在发布报告时，使用另一个纵行来隐藏 Excel 用来激活单元格的那个选择网格。

仪表板提示：避免滚动！

仪表板上的信息必须清晰可读且一目了然。如果需要用户滚动才能看到数据，就无法立即获取信息。用户通常也懒得看眼前画面之外的内容，所以将仪表板包含到一个屏幕之内，用户就可轻松地一览无余。

接下来，吉姆添加了仪表板标题（战略目标仪表板）和两个重要的标签，以显示数据最近刷新时间以及报告期间。他选择了浅色文字颜色，并在标题栏添加了粗线。

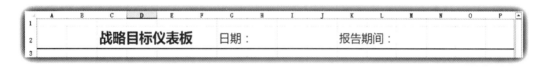

图 4-7　向仪表板添加了标题栏和两个标签

仪表板提示：为仪表板选择适当的颜色

重要的是要花时间思考在仪表板中使用哪种颜色。颜色可分为两类：主动和被动。主动颜色（例如红色和绿色）会立即引起注意并暗示重要性，而被动颜色（如浅灰色）能舒缓视觉。

你不想把注意力分散到仪表板上，但往往难以保证。例如，使用带有大写和粗体的醒目标签会吸引注意力，并导致对实际数据分心。

图 4-8　更亮的标签和全大写的标签能立即吸引眼球

语境数据（如标签）不应同仪表板上的实际数据争夺注意力。此类标签只是在用户需要了解仪表板显示哪些数据时，才提供额外信息。

如果用颜色来吸引用户的注意力，那一定谨慎使用。否则，用户会变得迟钝，而且该颜色就起不到突出显示作用了。定义一组要用于同一仪表板的颜色集，并尽量仅在需要时才添加新颜色。

吉姆想利用添加到数据表工作簿的数据，来显示数据刷新的最后日期。吉姆选择了加入"日期（Data as Of）"标签的单元格，并在 Excel 公式栏中键入以下公式：

="日期:"&

然后，他浏览"数据表"工作表并单击数据透视表总计行的发票表中的绝对最近日期字段。

图 4-9　从数据透视表中选择一个字段

通过点击该单元格，Excel 将对单元格的引用添加到 Excel 公式当中：

="日期:"&GETPIVOTDATA("[Measures].[发票表中的绝对最近日期]",数据表! B3)

Excel 技巧：Excel 中的 GETPIVOTDATA 函数

这里用于获取该值的 Excel 公式，并非通常的单元格引用，而是运用了 Excel 函数 GET-PIVOTDATA。该函数能从数据透视表中返回数据。在数据透视表中所点击的位置是很重要的，因为 GETPIVOTDATA 函数使用来自轴上的行和列的值作为筛选器，以获得适当的值。在这种情况下，最好使用总计行，以确保用户总能返回一个值，而不受本财年和会计月份随时间变化所影响。欲了解更多信息，请参见 http：// ppivot. us/OWX5f。

其结果却出乎吉姆意料。

图 4-10　标签中的值出乎意料

基于经验,吉姆知道这里发生了什么事:Excel 中将日期保存为数值,当使用 GETPIVOTDATA 函数时需要告诉 Excel,想通过格式化输出来查看数据日期。吉姆使用 Excel 中的 TEXT 函数来向 GETPIVOT-DATA 函数结果添加格式。他将 Excel 中的公式改变为:

　　　="日期:"&TEXT(GETPIVOTDATA("[Measures].[发票表中的绝对最近日期]",数据表! $B $3),"mm/dd/yyyy")

吉姆得到了所期望的结果。

> 要了解更多有关 Excel 中日期和时间的内容,在http://ppivot.us/BRNZW 中查看微软的"如何在 Excel 中使用日期和时间"。

吉姆想创建一个清爽易读的工作簿,所以打算在仪表板中仅使用同一种字体:Segoe UI。

> 有关电子表格格式的更多技巧和窍门,读读 PowerPivotPro.com 博客中的这个帖子http://ppivot.us/EEXJM。

此种情况下,吉姆所添加的文本是个标题,所以他将字体大小增大为 14 磅,并以粗体显示。

图 4 - 11　干脆利落的格式化标签

仪表板提示:使用字体

那些适用于颜色的原则也相同适用于字体。例如,使用过多字体将会分散用户注意力,偏离所展示的信息。在开始仪表板或报告之前,决定使用何种字体,并坚持至多用两种字体,以避免注意力分散。

在编写本书时,偶然得知一份来自麻省理工学院的研究发现,汽车仪表板所选的不良字体可分散对公路的注意力,增加撞车概率(http://ppivot.us/SSFPC)。这对于字体重要性而言是个很好的教训。

另一项因素可能也很重要,仪表板可能需要使用企业自身的标准字体和颜色。公司是否有默认字体? 甚至默认颜色? CFO 和 CIO 们通常在公司网站或企业样式上砸了很多钱,并且通常喜欢在公司报告中看到应用了相同的设置。通常通过观察公司网站很容易找到该公司的色彩、版式和样式。

吉姆希望确保其仪表板的其余部分也保持一致的风格。要在整个报告中保持样式一致是非常劳心费神的,即便如此他也决定花些精力来建立一种样式,以便轻松地重复使用。他选择一个已应用所要样式的单元格,并点击"开始"、"样式"、"更多"、"新建单元格样式"。

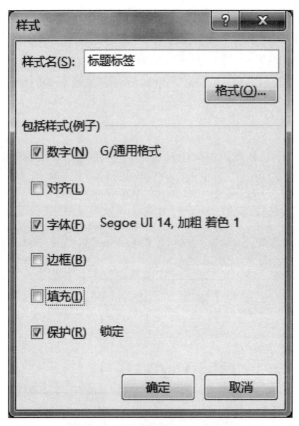

图 4 – 12　创建新的单元格样式

在出现的"样式"对话框中，吉姆赋予样式名为"标题标签（HeaderLabel）"并取消了对齐、边框和填充，这是因为并不希望应用这些大众化的特点。

报告中的大部分文本将不会是标题文字，所以吉姆还创建了一个"仪表板文本"样式，设定为 10 磅 Segoe UI 字体。现在，只需从样式库中简单选择，就能将样式快速应用于仪表板了。

图 4 – 13　样式库

按地区计算同比（YoY）和目标达成差异

吉姆已准备好将第一份数据添加到仪表板中。在一次访谈会议上，他了解到各地区的收入并不等同。按区域监测收入对于管理团队非常重要。

因此吉姆向仪表板中添加了收入总额，收入的目标达成差异，当月收入的 YoY% 变动，以及当月按区域随着时间推移的目标达成差异趋势。

该公司在其报告中使用了几个缩略词：$VTT 表示目标达成差异（美元），YoY% 意味着上年同期变动的百分比。这些缩略词将用于吉姆的仪表板和报告当中。

通过打开 Power Pivot 加载项并选择开始，吉姆在仪表板的工作表中创建了数据透视表。然后打开 Power Pivot 加载项，选择"开始"、"数据透视表"，并将数据透视表添加到工作表当中。吉姆选择仪表板的工作表上的单元格 C4，用于定位数据透视表。

仪表板提示：边缘周围留白

如果使用的是工作表的第一行和列，数据过于靠近行和列标题，就会使得报告看起来拥挤不堪。如果一开始不将第一行和列留白，后期再想实现时就困难重重。

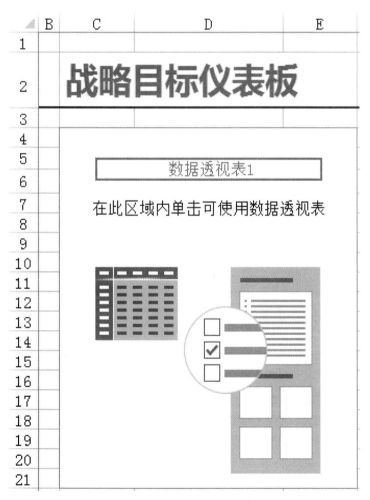

图 4－14　插入数据透视表

吉姆现在将来自政治地理表上的地区字段添加到数据透视表的行区域，并将发票表中的销售收入和目标收入添加到值区域。拖入值区域中的列就会按每个地区自动汇总；在此种情况下使用的是 SUM 求和。Power Pivot 自动为吉姆创建了两个隐式计算字段。

Power Pivot 提示：隐式计算字段

　　当将字段拖动到数据透视表进行汇总时，Excel 或 Power Pivot 在后台创建一个计算字段，并以字段名称和聚合类型组合起来为其命名（例如，以下项目的求和项：销售收入）。Excel 或 Power Pivot 能在数据模型中创建这些隐式计算字段。除非试图创建一个同名计算字段，否则不会注意到这些计算字段。

　　对于数据探索而言隐式计算字段很出色。然而当创建一份真正的报表或仪表板时，通常的最佳实践是并非使用隐式计算字段，而是亲自建立计算字段。您可在 Power Pivot 加载项中删除以前创建的隐式计算字段，通过选择高级，显示隐式计算字段，并去除这些特殊字段。隐式计算字段无法修改，唯一的选择就是去除。欲了解更多有关隐式计算字段的内容，请参见 Rob Collie 的 *DAX Formulas for Power Pivot* 中第 34 页（http：//ppivot. us/gYukh）他对此相当热衷并发誓绝不使用隐式计算字段。

吉姆希望在仪表板和报告中所显示的一个主要指标是收入总额。他创建了一个受控的计算字段，并且可用作其他计算字段的基础。他打开 Power Pivot 窗口来创建新的计算字段，选择发票表中的销售收入列，然后单击自动汇总。Power Pivot 创建了一个名为收入的总和的计算字段，因为那里已经有一个名为收入的总和的隐式计算字段存在了。吉姆将其重命名为收入总额。

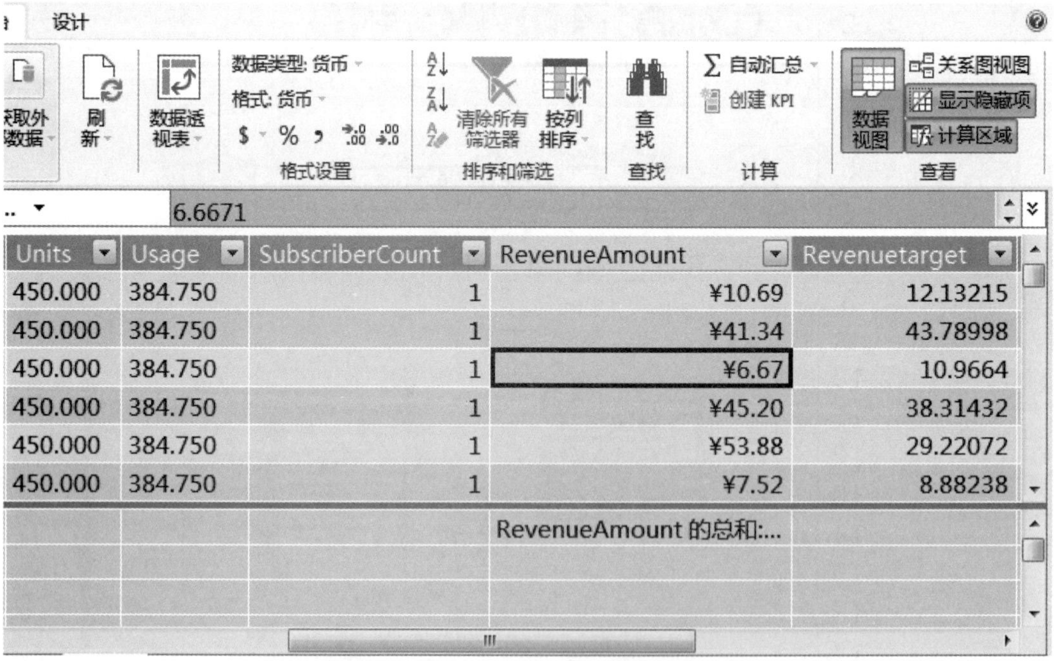

图 4 – 15　在计算区域创建计算字段

吉姆现在有了以下计算字段：

收入总额：= SUM（［销售收入］）

而且有目标收入总额计算字段：

目标收入总额：= SUM（［目标收入］）

吉姆将这两个计算字段设置为货币格式。

Power Pivot 提示：创建并管理计算字段

随着 Power Pivot 模型变得越来越复杂，而且添加了更多业务逻辑，管理计算字段变得越来越重要。要管理带有复杂计算字段的大型模型，这里有些有帮助的提示：

● 将一个复杂的计算字段拆分为几个独立的计算字段。使得可对计算的各个部分进行创建和调试。还可重复使用计算字段，从而降低犯错误的可能性。

● 对相同基础字段的计算选择类似的名称，例如，收入总额、收入的计数项、收入的年度同比增长，以及收入的目标达成差距。

● 计算字段的名称应尽可能明确地表述其用来做什么。

● 隐藏那些不在报表中使用的计算字段（例如，中间计算字段）。

● 适当地将计算字段格式化以保存后续工作，并确保数字得以正确认知。

由于吉姆需要在当月报告，他用所创建的计算列是否当前会计月份来设置报表筛选器。通过选择数据透视表，然后选择"设计"、"总计"、"对行和列禁用"，吉姆将禁用总计行。现在该表看起来如图 4 - 16 所示。

是否当前会计月份	1	🔽

行标签 🔽	收入总额	目标收入总额
北部	$437,551.91	$391,540.54
东部	$621,381.14	$507,861.36
南部	$178,088.65	$136,230.04
西部	$426,652.55	$349,042.04
中部	$176,989.31	$154,005.25

图 4 - 16　向数据透视表添加第一个字段

当吉姆将筛选器添加到数据透视表之后，数据透视表会自动覆盖工作表的第 1 行。因此，吉姆在第 1 行和第 2 行之间插入空白行，以保持留白。

并非直接显示收入总额和目标收入总额，吉姆要展示出收入的目标达成差异，所以他用以下表达式新建了一个计算字段：

目标达成差异：＝

［收入总额］－［目标收入总额］

将该表达式置于数据透视表后，将"区域"位于行区域下，就为每个"区域"自动计算目标达成差异。

接下来，吉姆将格式设置选项，类别的设置改变为货币，并表示计算字段应位于发票表中。

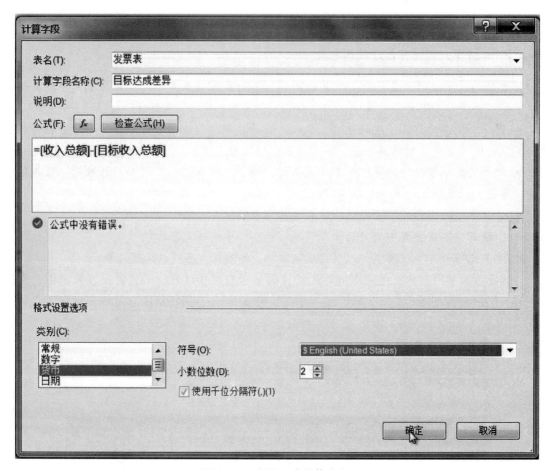

图 4 – 17　创建一个计算字段

向数据模型中添加将新的计算字段后，在选择数据透视表时就会自动将计算字段添加其中。

是否当前会计月份	1		
行标签	收入总额	目标收入总额	目标达成差异
北部	$437,551.91	$391,540.54	$46,011.37
东部	$621,381.14	$507,861.36	$113,519.77
南部	$178,088.65	$136,230.04	$41,858.61
西部	$426,652.55	$349,042.04	$77,610.51
中部	$176,989.31	$154,005.25	$22,984.06

图 4 – 18　添加计算字段到数据透视表

现在吉姆可从数据透视表中去除目标收入总额列。接下来，吉姆想新增一些样式。他选择文本并点击来自主页选项卡上样式库的"仪表板文本"样式，将 10 磅 Segoe UI 字体应用到数据透视表。接下来他点击数据透视表选项卡上的设计，并选择数据透视表样式图库的"无"（None style），将数据透视表的样式改变得干净整洁。他将列标题加粗，并去除所有表格边框，然后对列标题应用单行下框线。吉姆还删除了"行标签"文本，并去除总计行。

是否当前会计月份	1	🔽		
🔽	**收入总额**	**目标收入总额**	**目标达成差异**	
北部	437551.9107	391540.5365	46011.37421	
东部	621381.1364	507861.3645	113519.7719	
南部	178088.6506	136230.0409	41858.60968	
西部	426652.5493	349042.0426	77610.50665	
中部	176989.3106	154005.25	22984.06056	

图 4-19　对数据透视表应用适当的格式

Contoso 通信公司中最重要的指标是上一年同期变动。该指标已在吉姆的模型中建立并遵循时间智能的黄金规则（参见第 3 章），所以吉姆准备创建一个函数来将当前月份的值与上一年同月的值相比较。

吉姆知道最好将复杂计算字段拆分为多个计算。上一年同期增长公式非常简单：

（当前收入总额 – 上年收入总额）/上年收入总额 = 同期增长的百分比

吉姆在收入总额计算中已经得到当前收入总额，但还需要增加上年收入总额的计算。因此吉姆创建以下计算：

```
［上年收入总额］=
IF（HASONEVALUE（'日期表'［财政年度］），
    CALCULATE（［收入总额］，
    DATEADD（'日期表'［日期］，–1，YEAR）
    ）
```

该计算决定了数据透视表的当前单元格内日期的［收入总额］，并基于日期表中的值，使用 DATEADD 函数将这些日期向后移动到一年以前。吉姆想要确保当将该计算用于其他报告中时，即使 DAX 无法找到合适日期也不会引发错误。因此，他使用 HASONEVALUE 函数来检查是否当前单元格仅包含一个由'日期表'［财政年度］列返回的值。IF 函数的其他参数是可选的；缺省情况下 DAX 会自动返回空白（BLANK）。

Power Pivot 提示：理解时间智能函数的工作原理

计算收入总额，在时间方面，从当前上下文中的日期向后移动一年，这意味着什么？

当你使用像 DATEADD 和 SAMEPERIODLASTYEAR 的时间智能函数时，DAX 试图决定当前单元格中所选当前期间中的日期。以下例子中显示了按财政年度分类汇总的收入总额（方框内），以及按会计月份分类汇总的收入总额（下划线）。

行标签	营业总额
FY12	¥19,436,488.51
M01	¥1,609,312.88
M02	¥1,648,915.76
M03	¥1,781,446.87
M04	¥1,705,202.55
M05	¥1,623,453.75
M06	¥1,756,153.29
M07	¥1,550,087.81
M08	¥1,468,985.39
M09	¥1,463,013.24
M10	¥1,568,567.87
M11	¥1,596,141.88
M12	¥1,665,207.22
FY13	¥8,770,807.12
M01	¥1,706,178.98
M02	¥1,669,749.41
M03	¥1,736,790.86
M04	¥1,817,424.32
M05	¥1,840,663.56
总计	¥28,207,295.63

图 4 - 20　显示数据透视表中的上下文

　　DAX 尝试使用遵循时间智能函数黄金法则所设置的日期表日期，来为当前单元格确定选择哪个期间范围。DAX 识别出方框中的值是按年份的，以及带下划线的值是按月份的。DAX 能够识别出年、季度、月、日。DAX 不使用已有实际日期，而是使用日期表中整个期间的开始日期和结束日期向前或向后遍历的时间作为值。在本例中，请注意 2013 年中仅有五个月的数据，但这并不意味着当获取上一年的数据时，DAX 将仅使用那五个月的；它将使用全年数据并选中整个期间。在 2013 年，最后 7 个月没有数据，所以也不会显示出月份级别。

　　图 4 - 21 显示了，当向数据透视表中添加上年收入总额公式时会发生什么。

行标签	营业总额	上年营业总额
FY12	¥19,436,488.51	¥19,641,318.13
M01	¥1,609,312.88	¥1,706,391.03
M02	¥1,648,915.76	¥1,696,727.20
M03	¥1,781,446.87	¥1,690,528.11
M04	¥1,705,202.55	¥1,676,105.52
M05	¥1,623,453.75	¥1,664,064.20
M06	¥1,756,153.29	¥1,772,804.54
M07	¥1,550,087.81	¥1,638,170.46
M08	¥1,468,985.39	¥1,626,721.29
M09	¥1,463,013.24	¥1,382,612.06
M10	¥1,568,567.87	¥1,561,038.37
M11	¥1,596,141.88	¥1,615,586.60
M12	¥1,665,207.22	¥1,610,568.74
FY13	¥8,770,807.12	¥19,436,488.51
M01	¥1,706,178.98	¥1,609,312.88
M02	¥1,669,749.41	¥1,648,915.76
M03	¥1,736,790.86	¥1,781,446.87
M04	¥1,817,424.32	¥1,705,202.55
M05	¥1,840,663.56	¥1,623,453.75
M06		¥1,756,153.29
M07		¥1,550,087.81
M08		¥1,468,985.39
M09		¥1,463,013.24
M10		¥1,568,567.87
M11		¥1,596,141.88
M12		¥1,665,207.22
总计	¥28,207,295.63	

图 4-21　日期移动

现在可以清楚地看到对于每个单元格，DAX 使用当前单元格的日期范围来遍历时间。这就是为何数据模型中要包含一个含有连续日期范围的单独日期表。

关于这一概念和类似概念的详细信息，请参阅http://ppivot.us/KQSEF。

吉姆选择在 Power Pivot 的计算区域中创建该计算。这样就能轻松地访问模型中的其他计算，他先访问了些附加功能，如隐藏和显示计算字段。刚刚创建的计算字段并非所需且会显得字段列表更杂乱，因此吉姆将其隐藏。通过右键单击该字段，他选择"从客户端工具中隐藏"。

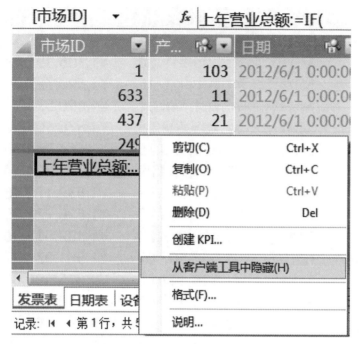

图 4 – 22　隐藏计算字段

接下来，吉姆创建上年同比增长率计算：

　　［上年收入总额同比增长率］=

　　IF (

　　　　NOT(ISBLANK(［收入总额］)),

　　　　DIVIDE(［收入总额］ – ［上年同期收入］, ［上年同期收入］)

　　　　)

当当前单元格 ［收入总额］ 不为空值时，该计算就决定为同比变动；如果为空值，Power Pivot 返回空白 (BLANK)。当前单元格有 "收入" 时，吉姆想使用 DIVIDE 函数来将 ［收入总额］ 同 ［上年同期收入］ 相减的结果除以 ［上年同期收入］。

Power Pivot 提示：DIVIDE 函数

在 Power Pivot for SQL Server2012 SP 1 和 Excel2013 当中引入了 DIVIDE 函数。此函数可确保 BLANK 或返回实际值，并针对性能进行了优化。当使用除法 ("/") 运算符时，DAX 就必须处理每次发生的 "除以零" 错误并引发过高的性能负荷。当遇到 "除以零" 问题时，DIVIDE 函数可以返回 BLANK 或可以选择性地输入参数来返回错误值。我们推荐您尽可能地使用 DIVIDE 函数。

Power Pivot 提示：BLANK 值？

空值，空白单元格和缺失值都可由同一种特殊的类型来表示：空白 (BLANK)。为何如此重要？其中处理 Excel 中数据的主要特点在于，默认情况下，数据透视表当中永远不会显示出空值。因此，通过使用 DAX BLANK( ) 函数返回 BLANK 值，就可以决定那些行或列来计算计值，希望 Excel 都显示些什么。大多数客户端工具都会对这种习性进行模仿，如 Power View 软件。

在 DAX 中处理空值时，与在 Excel 中的处理略有不同。有关详细信息，请参阅<u>http：//</u>

ppivot. us/JYCSL。

现在吉姆将新建的计算字段添加到数据透视表。

是否当前会计月份 1			
	收入总额	目标达成差异	收入YoY%
北部	$437,551.91	$46,011.37	$4.00
东部	$621,381.14	$113,519.77	$0.24
南部	$178,088.65	$41,858.61	$11.07
西部	$426,652.55	$77,610.51	-$0.52
中部	$176,989.31	$22,984.06	$0.43

图 4－23　将计算字段添加到数据透视表

吉姆创建了地区视图所需的所有字段。由于不喜欢标题名称，他在数据透视表中对其进行了修改。他为此选择了一个标题，并在公式栏中修改标签。该计算字段通常带有很长的名称，并导致数据透视表中形成了无用的空白空间。重命名标签更易于最终用户理解，并能以更短标签来避免这些空白。他还缩短了这些标签彼此间的距离。

是否当前 1			
	收入总额	VTT	YoY%
北部	$437,551.91	$46,011.37	$4.00
东部	$621,381.14	$113,519.77	$0.24
南部	$178,088.65	$41,858.61	$11.07
西部	$426,652.55	$77,610.51	-$0.52
中部	$176,989.31	$22,984.06	$0.43

图 4－24　重命名数据透视表标签

吉姆喜欢用 Excel 中的格式把那些由 Power Pivot 计算字段的格式设置覆盖掉，所以他使用开始选项卡上的数值设置，来将收入总额列和 $VTT（目标差异）列设置为货币格式，并将 YoY%（同比增长率）列设置为百分比格式。他对所有列都去除了小数点后数字，因为这些数字过长且没什么价值，而且占据大量空间使得数值难以读取。

当前会计月份	1	▼		

▼	收入总额	VTT	YoY%
北部	$437,551.91	$46,011.37	400%
东部	$621,381.14	$113,519.77	24%
南部	$178,088.65	$41,858.61	110%
西部	$426,652.55	$77,610.51	-52%
中部	$176,989.31	$22,984.06	43%

图 4 – 25　应用适当的格式

仪表板提示：选择合适的精度

　　另一种使得信息更易于理解的机会在于：确定展现的数值需要到哪个精度级别。仪表板通常以很高精度级别来展示信息。如果仅显示两位小数，是否真的有所不同？或者干脆弃之不用？当谈论整个公司收入总额时，$45，223.12 和 $45，223 讲述的是同一个故事。当然应该适当判断而非去除过多信息。例如，可能希望看到在服务水平协议（SLA）中的 99.34% 和 99.96% 之间有所不同，所以应该保持小数点后位数。

　　改变精度很容易，你将惊讶于这个简单提示带来的显著改善。

　　吉姆多年的经验之一是，当对数据表进行更改时最重要的是要确保数据透视表不会调整形态，而毁了已苦心创建的布局。因此用鼠标右键单击数据透视表并取消对"更新时自动调整列宽"的勾选。

图 4 - 26　禁用数据透视表中的"更新时自动调整列宽"功能，以防后患

使用迷你图来发现过去 12 个月各区域目标达成差异的趋势

在同董事会成员的访谈中，吉姆了解到除了各个区域的当月信息以外，也希望能够查看到趋势。吉姆要显示出各区域在过去 12 个月中的趋势如何。他想用一种简洁的方式来实现并管理要传达的趋势。他决定创建一个迷你图来显示过去 12 个月各个区域的收入总额。他想把迷你图置于所创建的数据透视表旁，以便两者显示同一区域的数据。要向 Excel 中添加迷你图，吉姆需要使用一些特殊技巧。迷你图的创建，并非通过从模型中添加字段，而是通过引用数据透视表中某个单元格区域来实现的。所以吉姆需要指定单元格区域，将为各个区域基于当前月份的过去 12 个月的值来建立一个范围。打开之前所建的数据表工作簿，并创建数据透视表，以便可供仪表板的工作表中引用。

吉姆将地区添加到行区域中，以代表数据透视表中的相应区域。接着，他向列区域中添加了财政年度和会计月份，由于要展示过去 12 个月的收入总额，从上个月起对所拥有的数据向后移动 12 个月。

要选择过去 12 个月，吉姆可以使用先前创建的"过去 12 个月"计算列，该列对含有数据的过去 12 个月中的每一天返回 1。他先将该列添加到报表筛选区域，以自动选择过去 12 个有数据的月份。

接下来，吉姆向数据透视表中添加了"收入的目标达成差异"计算字段，以获取在过去 12 个有数据的月份中收入与目标之间的差异值。

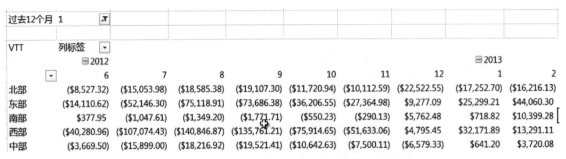

过去12个月	1								
VTT	列标签								
	⊟2012							⊟2013	
	6	7	8	9	10	11	12	1	2
北部	($8,527.32)	($15,053.98)	($18,585.38)	($19,107.30)	($11,720.94)	($10,112.59)	($22,522.55)	($17,252.70)	($16,216.13)
东部	($14,110.62)	($52,146.30)	($75,118.91)	($73,686.38)	($36,206.55)	($27,364.98)	$9,277.09	$25,299.21	$44,060.30
南部	$377.95	($1,047.61)	($1,349.20)	($1,771.71)	($550.23)	($290.13)	$5,762.48	$718.82	$10,399.28
西部	($40,280.96)	($107,074.43)	($140,846.87)	($135,761.21)	($75,914.65)	($51,633.06)	$4,795.45	$32,171.89	$13,291.11
中部	($3,669.50)	($15,899.00)	($18,216.92)	($19,521.41)	($10,642.63)	($7,500.11)	($6,579.33)	$641.20	$3,720.08

图 4 – 27　过去 12 个月收入同目标收入之间的差异

还存在一个小问题：如果吉姆使用数据透视表直接作为迷你图的数据源，就包含多余数据了。由于迷你图使用单元格范围，吉姆需要确保能返回 12 个月的数据。您可能会注意到在图 4 – 27 中也显示了总计行。吉姆通过选择数据透视表工具、设计、分类汇总、不显示分类汇总，然后选择"设计"，"总计"，"对行和列禁用"来禁用总计行。这使得各地区返回的正好是过去 12 个月的收入总额。

吉姆现在回到仪表板的工作表来添加迷你图。

仪表板提示：了解迷你图

爱德华·塔夫特教授在其著作《美丽的证据》中介绍了迷你图。他说，"迷你图是一个小巧、醒目、简洁、短语大小的带有印刷分辨率的图片。迷你意味着图表不再是带有标题和方框的特定卡片式场合，而是同单词或数字一样可以无处不在：迷你图可以嵌入到一段句子中、表格内、标题行中、地图中、电子表格中和图形中"。

塔夫特发明了迷你图，该图形在某个通常带有标签或文本的空间内显示趋势。同数字范围相比，一个简单图形所显示出的趋势更加明显。迷你图也很节省报告空间。

在 Excel 中，有三种类型迷你图可供选择：

● 折线图：折线迷你图通常用于时间序列和轴上其他序列的值，如生产过程中的各个阶段。折线迷你图有助于绘制数据中随着时间推移的变化和趋势。

图 4 – 28　折线迷你图

● 柱状图：柱状迷你图通常用于对具体离散类的值之间的量进行比较。

图 4 – 29　列迷你图

● 盈亏图：盈亏迷你图是一种特殊形式的迷你图，显示数据是否为正（盈）或负（亏）。这在显示股票行情时很出色。

图 4－30　盈亏迷你图

欲了解更多信息，请参阅关于爱德华·塔夫特网站上更丰富的迷你图 Q&A：http：//ppiv-ot. us/ZBPHS。对于 Excel 表中迷你图的更多示例，请参阅 Bill Jalen 的这篇包含许多例子的文章：http：//ppivot. us/GSEVU。

吉姆决定使用折线迷你图，因为该图显示趋势时清晰自然。他将数据透视表向右移动一列，来为迷你图腾出空间，然后单击功能区中"插入迷你图"按钮。

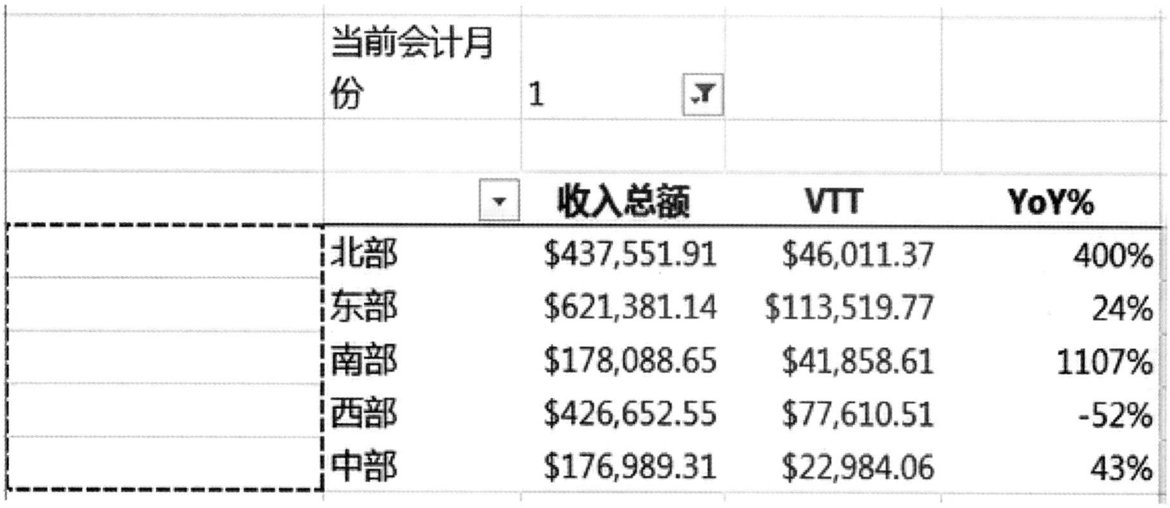

当前会计月份	1 ▼		
▼	收入总额	VTT	YoY%
北部	$437,551.91	$46,011.37	400%
东部	$621,381.14	$113,519.77	24%
南部	$178,088.65	$41,858.61	1107%
西部	$426,652.55	$77,610.51	-52%
中部	$176,989.31	$22,984.06	43%

图 4－31　插入迷你图

创建迷你图对话框出现了，带有供选择的要展示的值的数据范围。他选择"数据范围文本框"，切换到数据表工作表，并选择数据透视表中的所有单元格。

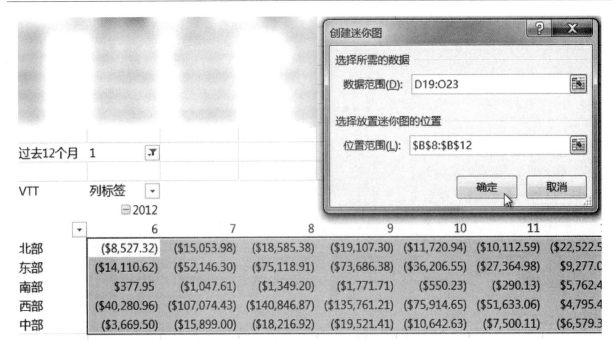

VTT	列标签						
	⊟2012						
▼	6	7	8	9	10	11	
北部	($8,527.32)	($15,053.98)	($18,585.38)	($19,107.30)	($11,720.94)	($10,112.59)	($22,522.5
东部	($14,110.62)	($52,146.30)	($75,118.91)	($73,686.38)	($36,206.55)	($27,364.98)	$9,277.0
南部	$377.95	($1,047.61)	($1,349.20)	($1,771.71)	($550.23)	($290.13)	$5,762.4
西部	($40,280.96)	($107,074.43)	($140,846.87)	($135,761.21)	($75,914.65)	($51,633.06)	$4,795.4
中部	($3,669.50)	($15,899.00)	($18,216.92)	($19,521.41)	($10,642.63)	($7,500.11)	($6,579.3

图 4-32　为迷你图选择数据范围

Excel 向电子表格中插入迷你图。

图 4-33　将迷你图添加到工作簿

　　吉姆向包含迷你图的列添加了一个标题：12 个月 $VTT。Excel 为迷你图选择了一款默认颜色，并可变更颜色。吉姆想要的线条颜色为黑色，而且带有用红色标注的低点和用绿色标注的高点。

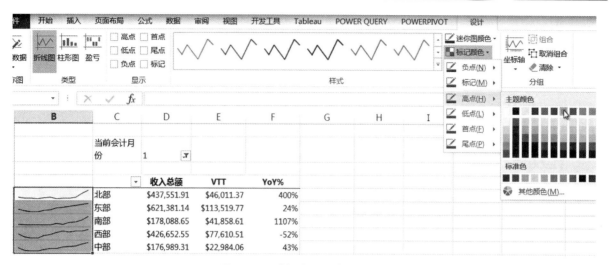

图 4 – 34　选择自定义迷你图颜色

这种出色的视觉设计显示了各个地区在过去 12 个月的趋势。

过去12个月VTT趋势	区域	收入总额	VTT	YoY%
	北部	$437,551.91	$46,011.37	400%
	东部	$621,381.14	$113,519.77	24%
	南部	$178,088.65	$41,858.61	1107%
	西部	$426,652.55	$77,610.51	-52%
	中部	$176,989.31	$22,984.06	43%

当前会计月份　1

图 4 – 35　将迷你图应用于报表中

在吉姆所创建的仪表板中可以很清楚地看到所有区域都实现了目标。值得关注的方面在于，WEST（西部地区）是增长欠佳的区域。也许目标制定得不够有挑战性。这一定会为下次经营管理会中的讨论提供足够材料。

用数据透视图来表达进军的新市场

吉姆待解决的下一份报告是帮助深入了解新市场中的营销活动是否真正推动这些新市场的收入增长。目前各个地区自主负责营销，因此董事会希望看到这种按区域划分的收入总额。

吉姆决定通过展示过去 12 个月销量的市场数字来显示这方面信息，并用一张按各个地区划分的图来展示。

除了刚刚在数据透视表中创建的区域，吉姆向报告中添加了一份数据透视图。他插入一份数据透视图，并将其同工作簿中的数据模型连接到一起。

接着，他将财年标签和会计月份标签添加到轴下方，将地区添加到图例下方，并将"最近 12 个月"添加到筛选器下方以仅仅返回过去 12 个月。

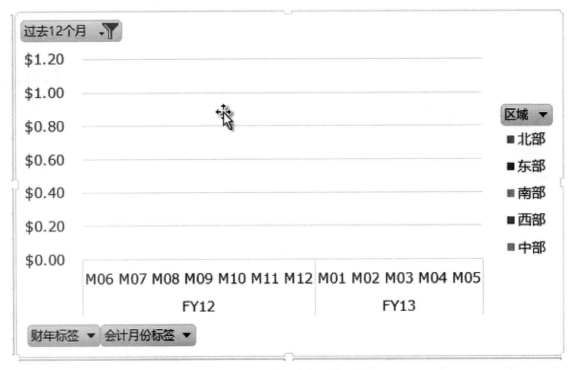

图 4 - 36　添加数据透视图

吉姆决定通过选择"分析"，"字段按钮"，"全部隐藏"，来去除这些字段按钮以优化数据透视图空间。吉姆还决定将图表样式变更为折线图。

仪表板提示：选择适当的图表

选择适当图表来显示数据，可能是数据可视化中最难的决定。不幸的是尚无正确的方式来选择合适的图表。这取决于多种因素，并取决于要显示的数据本身。要权衡显示哪些信息以及这些信息的重要性。图形和图表背后的核心思想在于，帮助人们快速了解数据，并且讲述数据背后的故事。因此选择和设计适当图表的一项重要因素是要对数据和图表类型有深入的理解。

图表可视化有四种核心类型：显示数据点分布、在数据点之间进行比较、显示数据点之间的关系以及展示数据点是如何构成的（成分）。这些可视化有助于受众对所表达内容的理解。

让我们来看看每种类型的示例：

● 比较：当想要对两个或多个数据点比较时可使用此类型，如年份间的逐月收入、按地区的收入，或者当前年份的逐月收入。常见类型通常是折线图、条形图或柱形图。

● 分布：这是排名第二的常见图表类型。正如其名所指，分布图用于显示数据的分布，了解偏离正常的离群值和类别（例如，每个地区的选民分布，过去一个月退回产品的类型）。

● 关系：这种类型显示出有意义的关系，可对变量之间的相关性和因果关系有新的认识。例如，如果想证明成绩提升是由学习时间所引起，或展示店内销售量和节假日的关系时就可以使用此类图表。最常见的关系图表是散点图和气泡图。

- 构成：这种图表类型可以显示具体数据如何同更宽泛的数据进行比较（例如，访问网站的浏览器类型、产品销售占收入总额的百分比）。常用构成图是柱状图、条形图和饼图。

当试图选择适当图表时，我经常使用安德鲁·阿贝拉（Andrew Abela）创建的那张图：http：//ppivot. us/TPXGX。

吉姆接下来所做的事情，就是添加一个计算字段，用于计算有销售收入的不同城市的数量。在发票表中，Contoso 通信公司每发生一笔销售交易都将创建一个新行。在交易表中的每一行都包含了对交易发生位置的引用，而这些信息存储于地理位置 ID 列中。下面是吉姆为该市场创建的非重复计数的计算字段：

[市场数量] = DISTINCTCOUNT('发票表'[地理位置 ID])

该 DISTINCTCOUNT 函数对发票表中地理位置 ID 的每个值的出现次数，进行了非重复计数。

Power Pivot 提示：记住总是应用了上下文

正如在第 3 章中提到的，重要的是要记住是在何种上下文中开展计算的。上面的表达式总是会对单元格中由行、列、筛选器和切片器筛选后的值，对'发票表'[地理位置 ID] 执行非重复计数计算。无论是将地区，年份，还是将产品置于行上，'发票表'[地理位置 ID] 的 DIS-TINCTCOUNT 都会对那个决定上下文的值自动计算。

将计算字段添加到数据透视图，吉姆看到的图表如图 4 - 37 所示。

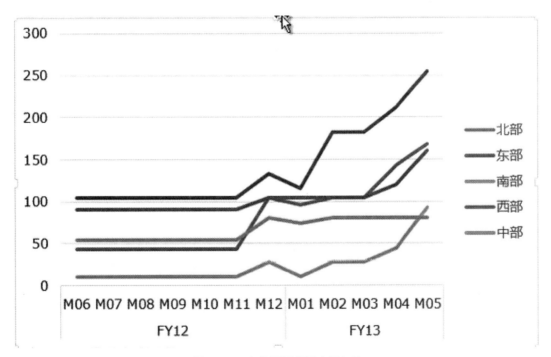

图 4 - 37　向数据透视图中添加值

吉姆想将该图表调整至完全与数据透视表对齐，所以在按住 Alt 键的同时拖动图表。当放置于网格上时，图表会自动与网格线对齐。他还决定将图例、图表与顶部对齐，以腾出更多横向空间，他会取消"显示图例，但不与图标重叠"，以使图表上的 x 轴稍微更宽而使 y 轴更短些。最后他将字体改为 10 磅 Segoe UI。他还设置图表的对齐方式，以确保每当更改工作表中的其他部分时，该图表将与网格对齐。要做到这一点，他选定图表，然后选择"页面布局功能区"、"对齐"、"与网格线对齐"。吉姆现在得到了一份清晰的过去 12 个月的市场增长图表。

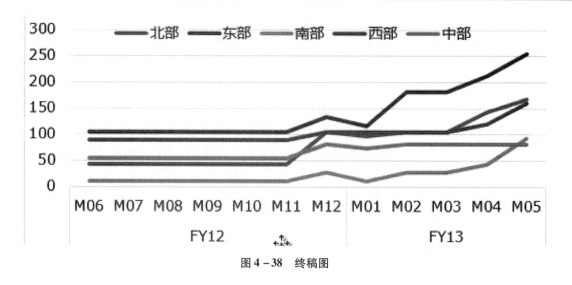

图 4-38　终稿图

仪表板提示：视觉布局

　　将仪表板中的主要对象——如表格和图表——保持对齐非常重要。人脑在查看未对齐的对象时会分心。这是由于潜意识里试图将这些对象对齐，而非在整个浏览周期中都来理解这些对象。在 20 世纪 20 年代，德国心理学家，包括康德和歌德创建了他们所谓的格式塔理论。格式塔在德语中是"实体完整形式的本质或形状。"当涉及视觉感知时，这些理论认识到为了让人脑意识到信息，要尽量以特定方式对信息进行组织。当人类看到视觉效果的组合时，我们先看整体，然后看各个部分。

　　20 世纪早期心理学家确定了格式塔感知的基本原则是分组定律。该定律规定，我们倾向于对自身的体验以有规律的、有序的、对称的、简单的方式进行排序。这些心理学家确定了一些原则，理论上可以让我们来预测视觉在整体上是如何被解释的，包括接近性、相似性、封闭性、对称性、共通性、持续性、良好格式塔和体验。遵循这些原则有助于创建出用户看起来感到和谐的设计。最近几年中，这些原则被多个著名设计师直观使用，并在设计界举足轻重。

　　你可能会想知道"格式塔与我何干？它是如何涉及我的 Excel 工作的？"嗯，有关这个问题的完整研究可以形成一本专著了，但让我们来看两个人皆可应用的重要观念：

　　● 亲密性（将相关数据靠近放置）：如果仪表板上有按地区对收入分类汇总的数据透视表，也有一个包含地区和收入信息的图表，要么讲述了另一个故事，要么支持了数据透视表中的信息，那就确保将这些信息组织到一起。这样的分组减少了用户的思维摩擦：连续地看到相同或相似信息时就更容易理解信息。在添加额外内容后可能需要重新调整报表或仪表板，那可是件苦差，但保证这绝对是值得的。

　　● 对齐（将一切对齐）：确保所有表格和图表的宽度和高度尽可能对齐。这样仪表板外观能变得更简洁，用户也更易于获取信息。这里有几点获得良好布局的简单技巧：首先，最初并排或叠加放置图表和表格时，尽可能放置在同一行或同一列上。如果将图表设置为"对齐"。将更易于将其与工作表上的其他图表和表格对齐。当一切都设置为同工作表中的网格线对齐后，就能轻松地将对象设为相同宽度了。有时需要发挥创意来使得图表更适合些，但这同样非常值得。另外不必担心图表或表格间的留白；最好是有些空白空间，而非拥挤一团。

　　如能遵循这两条简单准则，那么报告就更易于理解和阅读。

下面两个例子展示了如何通过简单对齐即可轻松快速获得显著成果。

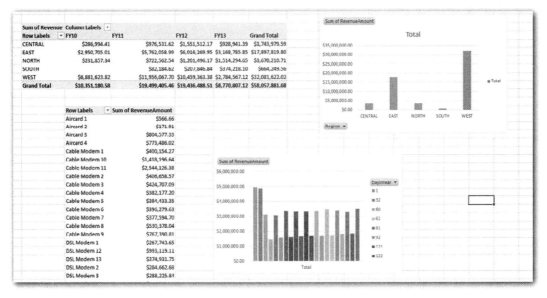

图 4 - 39   尚未对齐的凌乱报告

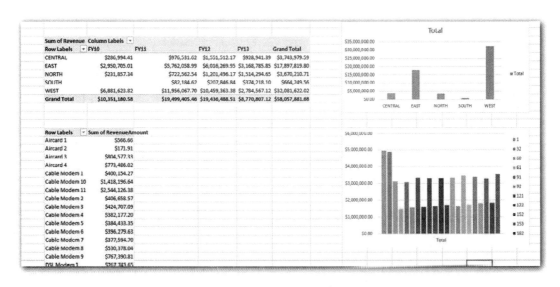

图 4 - 40   包含同样的数据，但报告整洁有序

欲了解更多信息，请参见 Stephen Few 的图书《信息仪表板设计》（*Information Dashboard Design*）以及《用数字说话》（*Show Me the Numbers*）。

使用切片器报告动态日期范围

在第一次对仪表板进行迭代开发时，吉姆想要从几个使用仪表板的业务用户那里得到一些反馈。反馈非常积极，但有句话他多次听到，用户希望能看到从多个角度查看仪表板的报表部分，无论是报告的当前月份，季初至今（QTD），还是年初至今（YTD）。吉姆认为对于仪表板而言，这是个很好的补充，而且切片器将有助于实现这一目标。用户将能交互式地选择想要看到的内容。

要创建报告用户可选的切片器，吉姆将在工作簿中创建一个新的称为"期间变量"的工作表。此时，他在 Excel 中创建了一个表格，其中包含"YTD"、"QTD"和"实际"三行。

图 4 – 41　Excel 中的普通表格

吉姆现在想将这些值添加到数据模型中，以供后续在 DAX 公式中引用。他选择表，并选择"插入"、"数据透视表"。在出现的"创建数据透视表"对话框中，他选择"将此数据添加到数据模型"。

图 4 – 42　将表格添加到数据模型中

吉姆打开 Power Pivot 加载项并将该表格重命名为"期间变量"（varPeriod）。

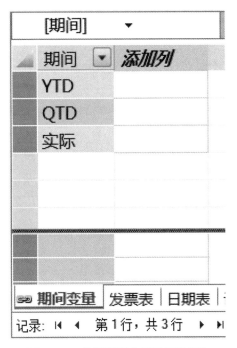

图 4 - 43　数据模型中显示了该表格

Power Pivot 提示：链接表

　　Power Pivot 中的链接表可异常强大，使得可直接在 Excel 工作表中将任何表添加至数据模型中。这意味着可向 Excel 电子表格中键入任何数据并直接添加到数据模型中。这些添加到数据模型后的表格将成为数据模型刷新链的一部分，这意味着只要刷新数据源，该表格就会从 Excel 表格中的文本加载新数据。

　　试想一下，数据源的每个产品没有销售目标，但这些数据在 Excel 表中是可用的。可将数据移动到数据模型并创建表格的其他关系，那么就可以将来自销售表中的数据和目标表中的数据组合到任何数据透视表中。然后，每当对该表格中的任何值变更时，只需要刷新 Power Pivot 或 Excel 中的表格，模型和数据透视表中的数据会随之立即刷新。

　　吉姆现在可以利用这些数据创建一个切片器。他在报告和标题之间插入一行并单击插入，切片器。连接对话框出现了，吉姆选择了其中的数据模型。然后，他选择了来自期间变量（varPeriod）表中的期间列。

　　吉姆将切片器工具选项卡中的列数从 1 列变为 3 列，并且将切片器拖到最近创建行中的迷你图区域的上方。吉姆现在决定去除切片器上方的标签，所以他右键单击切片器，并选择切片器选项。在出现的切片器设置对话框中，吉姆取消选择显示页眉。在切片工具选项卡中还根据个人喜好对宽度和高度进行微调。

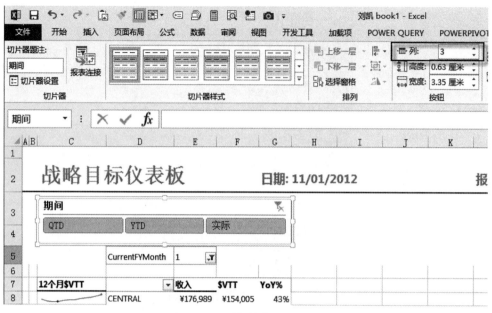

图 4 - 44　对切片器进行调整

吉姆希望能掌控切片器的布局，因此在功能区中选择当前的切片器样式，并右键单击复制。在出现的调整切片器样式对话框中，吉姆将该样式命名为仪表板。

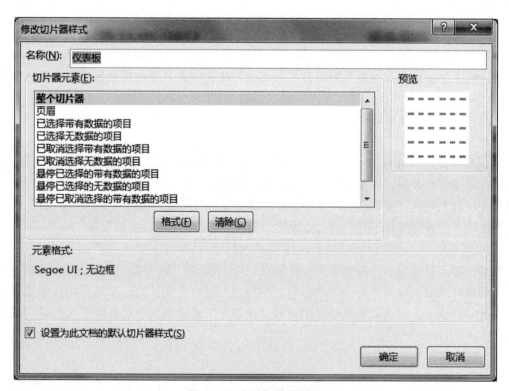

图 4 - 45　创建切片器样式

吉姆选择了整个切片器选项，并单击格式按钮。接下来，他将字体设置为 10 磅 Segoe UI，并将边框设置为"无"。然后，他选择"已选择带有数据的项目"并将填充颜色设置成同标题文字相匹配的颜色。现在向工作表当中添加了切片器。

图 4 - 46   将切片器添加到工作表

吉姆想用该切片器来确定数据透视表中的值。基于切片器中的按钮来对每个计算都分别显示实际、财年季初至今，或会财年年初至今的值。已经有了实际值，吉姆决定增加两个单独的计算字段：财年季初至今和财年年初至今。他首先增加了确定财年年初至今收入总额的计算字段：

[财年 YTD 收入总额 = IF(
        HASONEVALUE('日期表'[财政年度]),
        TOTALYTD([收入总额],'日期表'[日期],"06/30")
)

该计算在年初至今总额中使用了 [收入总额] 计算字段。基于所执行计算字段单元格的最后日期得到"至今"。年度定义为以 6 月 30 日为年底，已得到的财年年初至今（YTD）。要确保每年该计算都能提供正确信息，HASONEVALUE 确保当且仅当有一个日期表 [财年] 被选中时，该计算才返回值。

接下来，使用财年 YTD 收入总额，吉姆将创建一个上年财年 YTD 收入总额的计算字段：

上年财年 YTD 收入总额
= IF(
    HASONEVALUE('日期表'[财政年度]),
    CALCULATE([财年 YTD 收入总额],
        DATEADD('日期表'[日期], -1,YEAR)
)
)

该计算为整个 YTD 计算了财年 YTD 收入总额。使用的并非数据透视表单元格中的日期，DATEADD 将该日期从当前单元格所选日期向后移了一年。

吉姆然后创建了一个计算字段，通过从上财年年初至今（YTD）收入减去本财年年初至今（YTD）收入，并在当前所选日期有收入时除以上财年 YTD 的结果，来决定 YoY 同期增长率：

[财年 YTD 收入总额YoY%]
        = IF(

$$NOT(ISBLANK([收入总额])),$$
$$DIVIDE($$
$$[财年\ YTD\ 收入总额]-[上年财年\ YTD\ 收入总额],[上年财年\ YTD\ 收入总额])$$
$$)$$

> 当出现"除以零"错误导致的函数失灵时,DIVIDE 函数能防止这种错误并可确保返回空值。

吉姆现在使用相同技术来计算本财年 YTD 的目标收入总额:

[财年 YTD 目标收入总额]
$$=IF($$
$$HASONEVALUE('日期表'[财政年度]),$$
$$TOTALYTD([目标收入总额],$$
$$'日期表'[日期],"06/30"$$
$$)$$
$$)$$

最后他创建了一个计算字段,通过用本财年 YTD 收入总额减去财年 YTD 目标收入总额,来创建本财年 YTD 收入的目标达成差异:

[财年 YTD 目标收入差异]
$$=[财年\ YTD\ 收入总额]-[财年\ YTD\ 目标收入总额]$$
对于财年季初至今 QTD,吉姆创建了相同的计算:

财年 QTD 收入总额
$$=IF($$
$$HASONEVALUE('日期表'[财政年度]),$$
$$TOTALQTD([收入总额],$$
$$'日期表'[日期])$$
$$)$$

> 由于会计日历季度通常与普通日历季度有所不同,您可以使用 TOTALQTD 函数。

要计算财年 QTD 目标收入差异和财年 QTD 收入总额 YoY%,吉姆使用的计算模式与 YTD 度量相同,但将财年年初至今(YTD)收入总额计算字段变更为财年季初至今(QTD)收入总额。

现在吉姆添加计算字段,来计算收入总额,目标差异,以及当月上年同比增长,财年季初至今(QTD)和财年年初至今(YTD),他要找到一种方法以使报告中的值来对所创建的切片器响应。因此吉姆创建了一个计算字段,以供其他计算字段使用,并检查是否切片器有且仅有一个所选值。在用户同时选择 YTD 年初至今和 QTD 季初至今两者时,他希望不显示出任何值。他创建了一个用来检查切片器是否有且仅有一个所选值的计算字段:

[报表切片器设置到位] = HASONEVALUE('期间'[期间])

> 该计算字段使用 HASONEVALUE 函数,取决于是否'期间'[期间]在数据透视表中执行计算字段的当前单元格具备一个值,来返回 true 或 false。

由于该计算字段除了作为其他计算字段中的构件以外别无他用,在继续下一步之前,吉姆将其隐藏。

现在吉姆创建了一个计算字段,该字段返回了一个随切片器值变化的结果:

按期间查看收入 = IF（
［报表切片器设置到位］，
SWITCH（
VALUES（'期间'［期间］），
"实际"，［收入总额］，
"YTD"，［财年 YTD 收入总额］，
"QTD"，［财年 QTD 收入总额］
）
）

> 当报表切片器设置到位（isReportSlicerSet）计算字段返回 true 时，则使用 VALUES 函数为该数据透视表确定'期间'［期间］的当前值。如果未能检查出'期间'［期间］的单个值，或者用户在切片器中选择多个值时，由于返回的并非单个值，VALUES 函数将返回一条错误。然后基于'期间'［期间］的值，使用 SWITCH 语句来确定将执行哪些计算字段。

Power Pivot 提示：VALUES 函数

VALUES 函数允许在数据透视表当前上下文中使用值。考虑以下 DAX 公式：
［测试值］
= IF （
HASONEVALUE（'政治地理表'［区域］）&&HASONEVALUE（'日期表'［财年标签］），VALUES（
'政治地理表'［区域］）&" "&VALUES（'日期表'［财年标签］）
）
）

该公式显示了数据透视表每个单元格中'政治地理表'［区域］和'日期表'［财年标签］的值，其中每个单元格中仅有一个值。

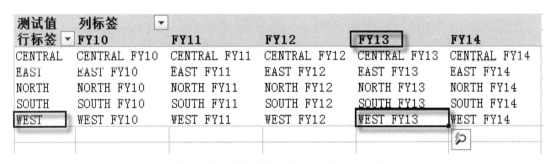

图 4 - 47　VALUES 函数用于显示上下文

VALUES 函数可用于多种场景，如在累计总计中用来获取当前月份以确定计算的时间范围。

吉姆重复了与"去年同期收入总额目标达成差异"相同的模式。然后用新创建的计算字段（按期间查看目标收入差异）替代了来自数据透视表的计算字段。

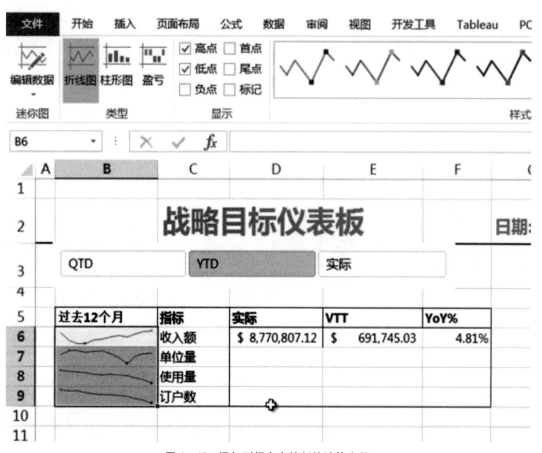

图 4 – 48　　添加到报表中的新的计算字段

　　这里有件事情被忽略掉了：尽管吉姆已在切片器中选择了某个值，计算字段仍未返回任何值。为了让数据透视表中的计算字段受到切片器的作用，吉姆需要将切片器与数据透视表连接起来。吉姆选择数据透视表，进入数据透视表工具，并选择筛选器连接。出现的筛选器连接对话框允许吉姆手动向 Excel 确认将哪个切片器连接到数据透视表。

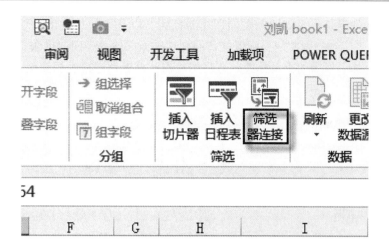

图 4 - 49　创建切片器到数据透视表的连接

他检查了期间切片器并单击"确定"。现在计算字段显示了所期望的值。

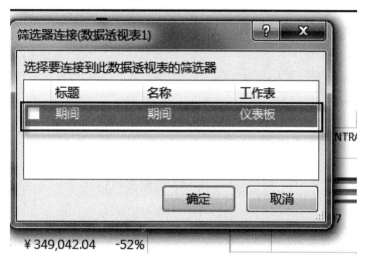

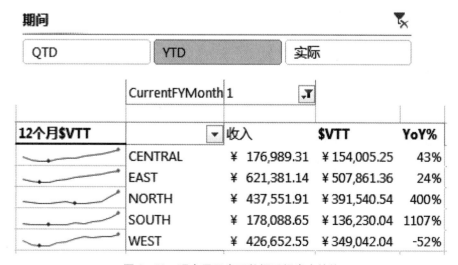

12个月$VTT		收入	$VTT	YoY%
	CENTRAL	¥ 176,989.31	¥ 154,005.25	43%
	EAST	¥ 621,381.14	¥ 507,861.36	24%
	NORTH	¥ 437,551.91	¥ 391,540.54	400%
	SOUTH	¥ 178,088.65	¥ 136,230.04	1107%
	WEST	¥ 426,652.55	¥ 349,042.04	-52%

图 4 - 50　现在显示出了数据透视表中的值

　　吉姆要做的最后一件事是将报告期标题同切片器挂钩，以基于切片器来报告适当的报告期。他打算使用传统 Excel 函数来实现，因此需要确保能访问到这些值。他首先向数据表工作表的数据透视表当中添加期间，然后还添加了所需的季度标签，并将切片器同该数据透视表相连接。

CurrentFYMonth	1	
	绝对最近发票日期	当前日期
⊟FY13	2012/11/1	2014/11/1 12:00 AM
⊟M05	2012/11/1	2014/11/1 12:00 AM
⊟Q2	2012/11/1	2014/11/1 12:00 AM
YTD	2012/11/1	2014/11/1 12:00 AM
总计	2012/11/1	2014/11/1 12:00 AM

图 4 - 51　数据表工作表带有切片器添加的值

吉姆现在向标题中添加了如下 Excel 公式：

```
="报告期:"&
IF(
    数据表! A7 ="实际",数据表! A4&""& 数据表! A5,
    IF(
        数据表! A7 ="QTD",数据表! A4&""& 数据表! A6,
        数据表! A4
    )
)
```

　　基于数据表! A7 单元格的值，Excel 函数获取了来自数据透视表不同位置的值。数据透视表上的该单元格代表了切片器中的值。基于该值，该函数可从吉姆所添加的年、月、季度标签的单元格中获得值。

　　该函数创建了一个标签，来对切片器的点击进行响应。

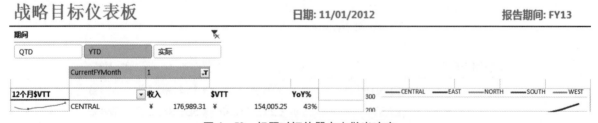

图 4 - 52　标题对切片器点击做出响应

创建报告

　　接下来的部分将是仪表板报告真正的核心内容。其中的重点需求在于能够看到当前月、当前季度至今（QTD）、当前财年年初至今的每个关键指标的业务运营状况。该业务的关键指标是收入、单位量、使用量和订户数。对于每个指标，吉姆需要显示出实际值、目标达成差异，以及报告中每个期间的同比增长率（YoY%）。该报告需要同刚刚所创建的切片器相连接。

　　多年以来吉姆已经创建了这些报告并知道如何实现。他知道通常数据透视表无法达到所需的布局类型，所以要使用其他方法来实现。该报告组件必须呈现到仪表板报告上方，因此吉姆通过添加所需字段到工作表所创建的报告组件的上方，来构建整个报告框架，并确保报告适当对齐，而且风格统一。

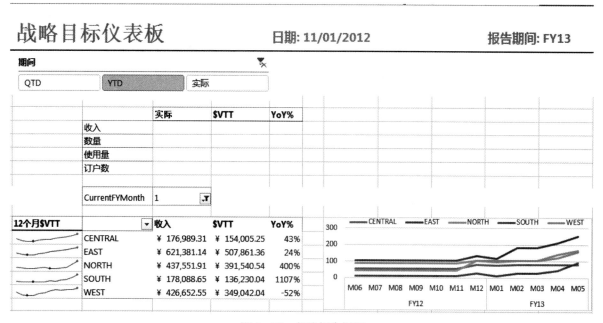

图 4-53　创建报告框架

　　吉姆现在要向报表中添加指标的值。他决定使用位于数据表工作表中的另一个数据透视表，以用作所选布局中报告的数据源。

　　吉姆向数据表工作表中添加了一个新的数据透视表。由于该报告是基于当前月份的，他向筛选区域添加当前会计月份并选择 1。此数据透视表需要再次使用动态日期范围，因此他连接此切片器，并为收入总额、收入总额的目标差异和收入总额同比增长率添加了计算。吉姆还决定将这些值置于行区域，以确保这些计算能在数据透视表中纵向列示，这将使得更易于维护数据表工作表。现在所添加的任何计算都是到行区域而非列区域。这使得更易于维护大量计算列表。

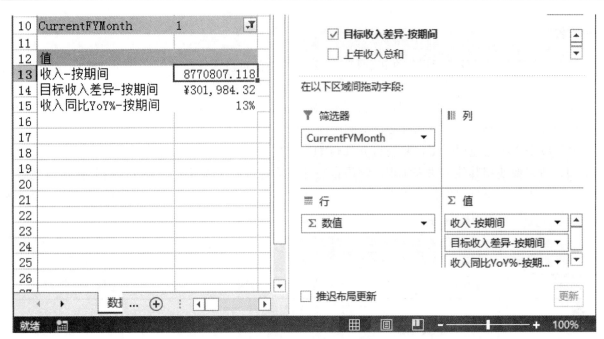

图 4 - 54   创建作为报表数据源的数据透视表

现在通过选择要向其中添加值的单元格，然后在公式编辑栏中键入等号（=），吉姆向"仪表板"工作表中添加了计算字段。接下来他选择数据表单（DataSheet）工作表，并点击上图所示数据透视表中的按期间的收入总额值。吉姆得到以下公式：

      = GETPIVOTDATA（

          "［Measures］.［按期间的收入总额］"，

          数据表! ＄A＄12

          ）

Excel 提示：GETPIVOTDATA 函数

Excel 中的 GETPIVOTDATA 函数返回了存储于数据透视表报告中的数据。它可以返回来自数据透视表中的任何可见值。更多关于此函数的内容，可从 MrExcel 那里了解到http：//ppivot. us/WJEVB。

使用为收入所创建的同一计算模板，吉姆继续将单位量、使用量、订户数的计算字段添加到数据模型中。

Power Pivot 提示：制作计算字段的模板

你很有可能会发现，和吉姆一样，你曾一遍又一遍地创建那些仅带有细微变化的相同计算字段。在该案例中，吉姆使用了不同的基础计算字段，但其余部分却保持不变。当设计计算字段时务必在脑海中记住这点。重要的是要将计算字段分拆成更小的计算部件，并尽可能复用这些部件。此外，有些中间计算将来无须出现在数据透视表当中，一定要将其隐藏。隐藏的计算不会出现到字段列表中，但可供在其他计算中引用。

吉姆添加了对工作表的引用，并应用了适当的格式。

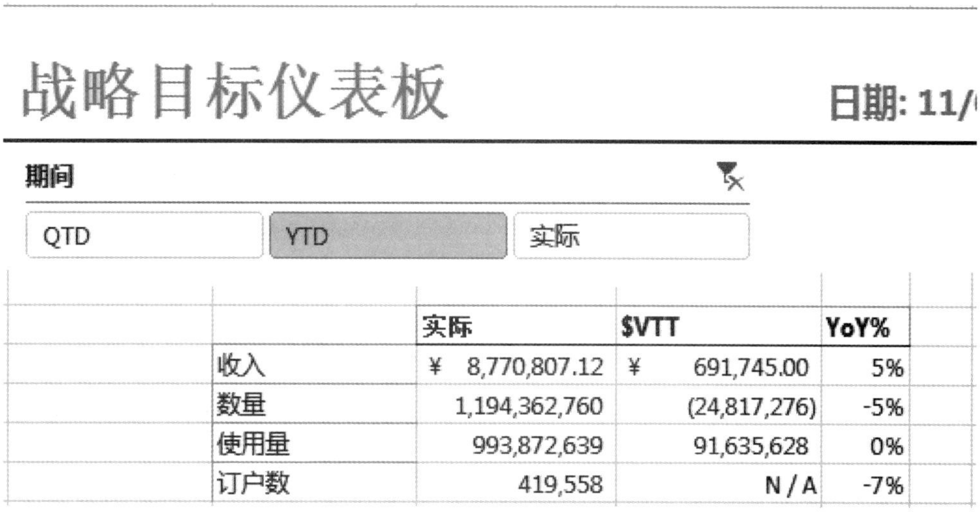

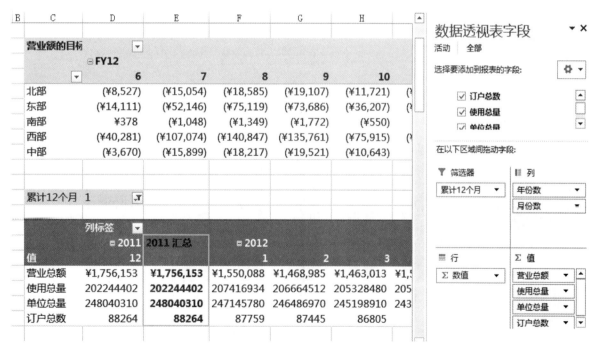

战略目标仪表板   日期: 11/(

期间

QTD	YTD	实际

	实际	$VTT	YoY%
收入	¥ 8,770,807.12	¥ 691,745.00	5%
数量	1,194,362,760	(24,817,276)	-5%
使用量	993,872,639	91,635,628	0%
订户数	419,558	N/A	-7%

图 4 – 55   添加其余计算字段

由于公司尚未对订户数制定任何目标，吉姆在对 $VTT 下方的无法获得的订户数中输入"N/A"。吉姆想展现出每个指标在过去 12 个月中的趋势，因此创建了另一个迷你图。要实现这一点，他在数据表单工作表中创建了数据透视表，并在其筛选区域添加了最近 12 个月，并在值区域下方添加了收入总额、单位总量、使用总量、订户总数。最后在列区域下添加了年度和月份，并将 Σ 数值项目从列区域移动到行区域。

图 4 – 56   字段放置得恰到好处

然后，他去除了数据透视表的分类汇总和总计，并基于数据透视表中的值来创建迷你图，做法与目标达成差异中的迷你图类似。

QTD		YTD	实际		

累计12个月			实际	¥VTT	YoY%
		营业额	¥1,840,664	¥ 301,984	13.38%
		单位量	234025730	(27104909)	-6.22%
		使用量	204012705.4	19720882	1.24%
		订户数	81187	N/A	-8.78%

图 4-57　在仪表板中创建第二组迷你图

无论是迷你图还是同比 YoY% 字段，都清楚地表明企业在过去 12 个月中的经营表现。

为过去 12 个月份，制作 $VTT（目标达成差异）数据透视图

吉姆想在报告中重点显示过去 12 个月份中的收入。他添加一个显示了过去 12 个月 $VTT 的新图表来实现。他在刚刚所建的报告之上添加了数据透视图，并将两者对齐。

仪表板提示：选择适当计算

能使报告更具可读性的另一个小窍门，是要看看图表中所使用的计算。记住如果能通过较少视觉效果来传达相同信息，报告就会变得更易于阅读。例如，假设如果要将目标同实际值相比较，最好创建一个带有按财年的收入总额和目标收入总额的条形图来可视化。

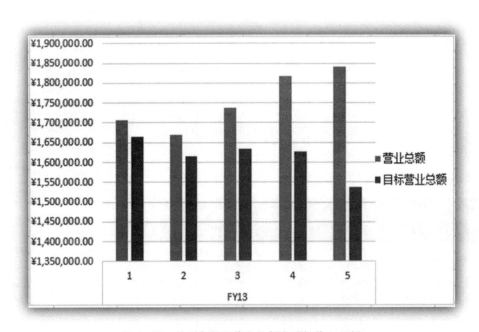

图 4-58　按财年显示收入总额和目标收入总额

从图 4-58 中可以看出，在过去几年里，收入已经超出了目标收入。但是需要花些时间来阅读标签，并期待近距离获取这些信息。现在如果对相同信息换个方式来表现，在计算字段中将收入减去目标收入，并创建一个折线图，只需扫视一眼折线，就很容易看出在过去几年里收入一直快速增长，且速度超越了目标收入的增长。

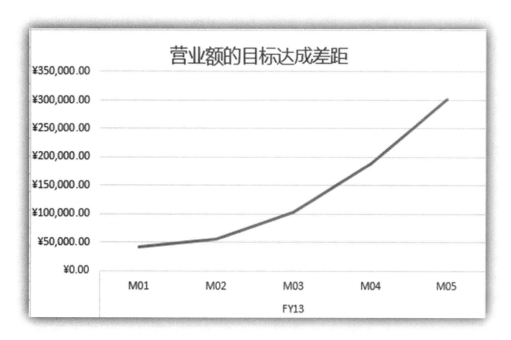

图 4 – 59　图中用一条折线展示相同信息

　　当然这里要通过良好的判断来确保不必处理过多信息。使用多少信息取决于所希望显示的内容。如果想创建一张图表来显示收入总额和目标收入总额，可能要用条形图。但是如果要是显示收入总额和目标收入总额之间的差异，折线图更清晰，即便是无法看到有多少收入。

　　吉姆将财年标签和会计月份标签添加到轴下方，并将最近 12 个月添加到筛选区域下。他将筛选器设定为 1，且向其中添加了"收入的目标达成差距"计算字段。

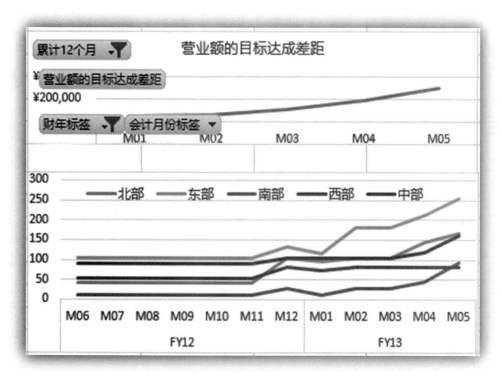

图 4 – 60　需要一些精力来创建初始图表

　　吉姆现在开始修饰图表。通过选择数据透视图工具、分析、字段按钮、全部隐藏、去除按钮。随后去除图例和图表标题。接下来，由于无须显示整个值，他对图表轴的格式进行设置。吉姆右键单击轴，选择"设置坐标轴格式"。接着他选择以千为单位显示，取消对"在图表中显示刻度单位标签"的勾选，然后将值的格式变更为 $#,##0 K。这种自定义数值格式可供个性化使用，会以千为单位并以代表千的字母 K 为后缀来显示数值。

　　然后他将图表绘图区和下方图表对齐，以确保年份和月份是同步的。这提高了可读性并使图表和表格看起来更加整洁。

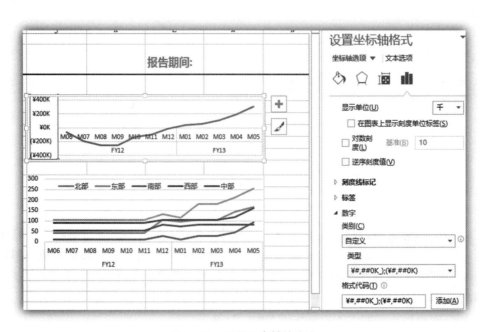

图 4-61　设置图表轴的格式

　　吉姆对该图表所做的最后一件事是通过选择图表来改变色彩主题，然后选择数据透视图工具，设计，更改颜色，并选取"颜色 3"，来使得该折线更具可读性。

　　吉姆还希望用户能够看到清晰的趋势，所以他选择图表中的折线，右键单击，并选择添加趋势线。

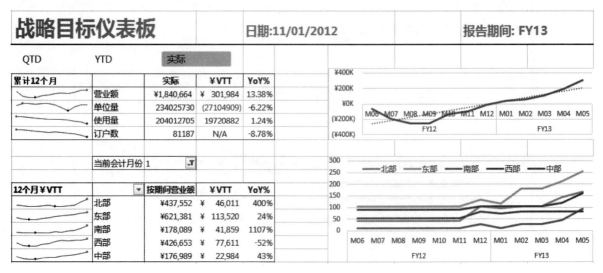

图 4-62　整个仪表板此时如图所示

仪表板提示：适当进行标题

　　为了使用户能区分屏幕上不同的报告，重要的是要提供适当信息并简明扼要地对不同区块进行标题。如前所述，切记标题不可喧宾夺主。使用较亮色调的文本颜色可解决此问题。

　　现在吉姆向报告和数据透视图中添加标题。标题使用的颜色与报告标题相同，而且字体稍大。

图 4-63　带标题的仪表板

识别出按收入排名的畅销设备

　　营销团队一直致力于推广最畅销产品。吉姆想创建一个表格来显示按收入，按占总计的百分比，以及按同比排名前 10 的最畅销产品。

　　在各区域收入数据透视表正下方，吉姆向仪表板工作表中添加了一个新的数据透视表。他往新的数据透视表中添加了设备名称和收入总额。由于希望此数据透视表也能对切片器响应，吉姆使用之前所创建的按期间收入计算字段。他将切片器同数据透视表相连接，并看到数据透视表为空。他记得这是由于使用了时间智能函数，需要为其选择基期之后才能起作用。向筛选区域添加了当前月份后，他看到了返回的数据。他还将数据透视表样式变更为一个名为"无"的样式。

CurrentFYMonth	1	▼
行标签 ▼	收入-按期间	
Aircard 1	¥ 167.54	
Aircard 2	¥ 47.38	
Aircard 3	¥ 121,141.83	
Aircard 4	¥ 121,219.72	
Cable Modem 1	¥ 71,451.95	
Cable Modem 10	¥ 216,552.98	
Cable Modem 11	¥ 361,073.70	
Cable Modem 2	¥ 72,294.32	
Cable Modem 3	¥ 75,429.68	
Cable Modem 4	¥ 65,166.94	
Cable Modem 5	¥ 68,965.00	
Cable Modem 6	¥ 68,656.34	
Cable Modem 7	¥ 64,891.02	
Cable Modem 8	¥ 88,747.57	
Cable Modem 9	¥ 120,662.98	
DSL Modem 1	¥ 32,910.34	
DSL Modem 12	¥ 154,799.46	
DSL Modem 13	¥ 62,767.37	
DSL Modem 2	¥ 38,180.17	
DSL Modem 3	¥ 38,410.43	
DSL Modem 4	¥ 38,575.61	
DSL Modem 5	¥ 33,458.62	
DSL Modem 6	¥ 32,834.36	
DSL Modem 7	¥ 33,949.35	

图 4 - 64　显示了设备和收入的数据透视表

　　要得到按收入排名前 10 的设备，吉姆使用数据透视表原生筛选和排序功能。他点击了位于行标题上的箭头，打开下拉列表，那里可对值设置"按前 10 项"筛选。

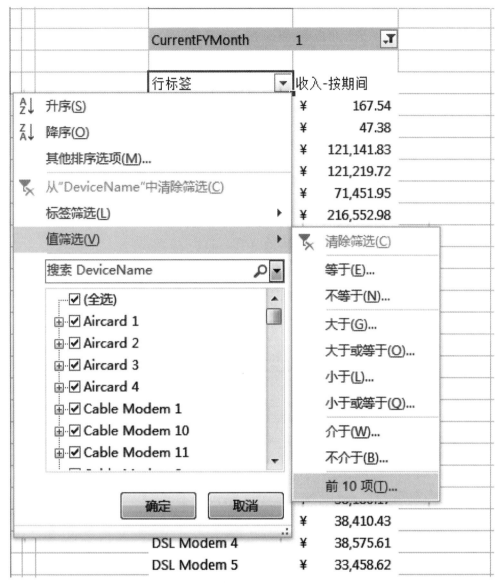

图 4-65　使用数据透视表进行排序和筛选

他仅想显示那些按收入排名前 10 的产品名称。

图 4-66　为数据透视表选择"前 10 个筛选"

吉姆现在看到的只是数据透视表中的前 10 个产品,而非整个列表。结果存在两个问题。首先并未对产品进行排序。吉姆再次单击行标题上的箭头,然后选择"由 Z 到 A 排序",将收入额最大的产品置于顶部。存在的另一个问题是，该格式并未在仪表板中其他部分应用。为了在所有地方都统一格式，吉姆选择地区数据透视表的收入列，单击格式刷按钮，选择按产品细分收入的数据透视表中的全部行。适用于地区数据透视表收入列的格式就复制到第二个数据透视表中。

Excel 提示：格式刷是你最好的朋友！

你可能很了解格式刷，但这里想强调的是，善用格式刷能大大简化工作。格式刷可将格式从一个单元格（或单元格区域）复制到另一个单元格。这使得非常易于在所有报告、表格或仪表板之间保持所有格式的一致性。

吉姆不希望看到排名前 10 产品的总计，所以通过选择"数据透视表工具"、"设计"、"总计"、"对行和列禁用"来将其去除，得到了想要的数据透视表。

CurrentFYMonth	1		

各区域的收入

12个月$VTT		收入	$VTT	YoY%
	CENTRAL	¥ 176,989.31	¥ 154,005.25	43%
	EAST	¥ 621,381.14	¥ 507,861.36	24%
	NORTH	¥ 437,551.91	¥ 391,540.54	400%
	SOUTH	¥ 178,088.65	¥ 136,230.04	1107%
	WEST	¥ 426,652.55	¥ 349,042.04	-52%

CurrentFYMonth	1	

行标签	收入-按期间
Video Stream	¥ 677,484.46
Mobile1015	¥ 544,265.04
Mobile1014	¥ 534,756.84
Mobile1018	¥ 407,957.35
Cable Modem 11	¥ 361,073.70
Mobile1017	¥ 338,459.56
Mobile1016	¥ 335,701.95
Premium Phone	¥ 269,727.20
Cable Modem 10	¥ 216,552.98
MT 1010	¥ 209,208.04

图 4 - 67　按收入排名前 10 的设备

接下来，通过简单地将"按期间查看收入"（RevenueYoYByPeriod）计算字段添加到数据透视表，并应用与各区域表同比增长%相同的格式，吉姆添加了 YoY 同比增长。

CurrentFYMonth	1	☐▼	

行标签	▼ 收入-按期间	收入同比YoY%-按期间
Video Stream	¥ 677,484.46	5%
Mobile1015	¥ 544,265.04	119%
Mobile1014	¥ 534,756.84	110%
Mobile1018	¥ 407,957.35	-1%
Cable Modem 11	¥ 361,073.70	-5%
Mobile1017	¥ 338,459.56	4%
Mobile1016	¥ 335,701.95	-2%
Premium Phone	¥ 269,727.20	-3%
Cable Modem 10	¥ 216,552.98	1%
MT 1010	¥ 209,208.04	-10%

图 4-68　按收入和同比增长百分比排名前 10 的设备

现在对于占总计的百分比，吉姆希望增加一个新的计算字段来计算某个设备对于所有设备收入总额的占比。吉姆添加了一个计算字段，计算所有设备的收入总额：

[所有产品收入总额] =
CALCULATE([收入总额],ALL(产品))

> 该计算字段决定了所有产品的收入总额，同时忽略产品上的筛选器。

吉姆认为他可能再也不会在数据透视表中直接使用 [所有产品收入总额] 计算字段了，所以将其隐藏。现在有了这个值之后，就可用当前产品的收入总额除以所有产品收入：

[占所有产品的百分比] =
DIVIDE([收入总额],[所有产品收入总额])

> 该计算字段用当前产品收入总额除以所有产品收入。

吉姆向数据透视表中添加该计算字段，并应用了适当的格式。通过已自定义的字体样式，他在数据透视表中套用了统一的字体。他还添加了适当的列标题，并添加列标题和行之间的界限。最后他向数据透视表添加了"按收入排名前 10 的设备"的标签。吉姆得到了所期望的报表成果。

CENTRAL	¥ 176,989.31	¥154,005.25	43%
EAST	¥ 621,381.14	¥507,861.36	24%
NORTH	¥ 437,551.91	¥391,540.54	400%
SOUTH	¥ 178,088.65	¥136,230.04	1107%
WEST	¥ 426,652.55	¥349,042.04	-52%

CurrentFYMonth	1

按收入排名前10的设备

行标签	收入-按期间	占所有产品收入的百分比	收入同比 YoY%-按期间
Video Stream	¥ 677,484.46	8%	5%
Mobile1015	¥ 544,265.04	8%	119%
Mobile1014	¥ 534,756.84	8%	110%
Mobile1018	¥ 407,957.35	5%	-1%
Cable Modem 11	¥ 361,073.70	4%	-5%
Mobile1017	¥ 338,459.56	4%	4%
Mobile1016	¥ 335,701.95	4%	-2%
Premium Phone	¥ 269,727.20	3%	-3%
Cable Modem 10	¥ 216,552.98	2%	1%
MT 1010	¥ 209,208.04	2%	-10%

图 4-69　排名前 10 设备报告

显然，一些产品增长并不显著，而另一些产品的增长速度已经是天文数字。董事会要调查这背后的原因。

在数据透视图中显示每单位创收的同比增长

来自董事会的一类重要需求，是要能够看到，是否成本削减措施已在本财政年度有显著成效。吉姆决定通过显示每单位创收，与上一年相应的每单位创收进行对比，来说明这一点。他将在一个简单的折线图中显示这些数字。

吉姆已经创建了一个［单位总量］计算字段，现在他创建了一个用收入除以单位总量的计算字段：

［每单位创收额］=
DIVIDE（［收入总额］,［单位总量］）

接下来，他希望获得上年的每单位创收额：

［上年每单位创收额］=
IF (
　　HASONEVALUE('日期表'[财年]),
　　CALCULATE(
　　　　［每单位创收额］,SAMEPERIODLASTYEAR('日期表'[日期])
　　　　)
　　)

该计算使用 CALCULATE 函数，并将 SAMEPERIODLASTYEAR 函数作为 CALCULATE 的参数，来将当前单元格日期范围变更到上一年。吉姆要确保当且仅当选中一年时该计算字段才是可用的，因此使用 HASONEVALUE 函数来检查当前单元格是否真的仅包含一年。注意我们现在使用 SAME-PERIODLASTYEAR 代替了 DATEADD，其实际效果都是一样的。SAMEPERIODLASTYEAR 起到的作用仅仅是个更简洁的符号。

现在，吉姆既有当期每单位创收，也有上一年每单位创收，他可以计算出 YoY 年度同比增长：

［每单位创收 YoY%］=
IF(
　［每单位创收］>0,
　DIVIDE(［每单位创收］–［上年每单位创收］),［上年每单位创收］)
　)

由于吉姆希望确保当且仅当存在当期每单位创收额时，该百分比才进行计算，于是在计算中使用了 IF 函数。

吉姆将向仪表板的右下方插入一个数据透视图并对齐。由于董事会希望看到当前财政年度的增长额，他在筛选器下方添加了'日期表'［最近 12 个月］字段并选择 1。接着，他在轴下方添加了'日期表'［财年标签］和'日期表'［会计月份标签］，并在值区域中增加了新创建的计算字段［每单位创收 YoY%］。

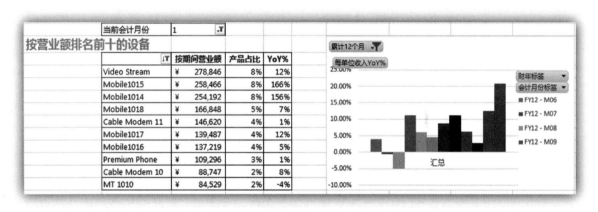

图 4－70 向数据透视图添加了上年同期收入

该图表显示的是一段期间的值，因此吉姆将图表类型变更为折线图。他还在设计选项卡中选择使用淡橙色来降低图表的干扰程度。吉姆去除了图表标题和格式图例，并隐藏了图表按钮。最后向图表中添加标签：过去 12 个月每单位创收额同比。所得的一张图表清楚地表明成本削减有了效果：单位收入增长了 25%。

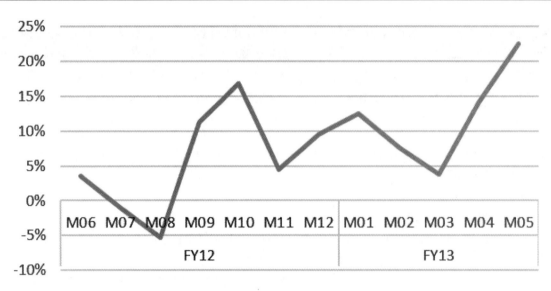

图 4-71　数据透视图清楚地显示了随时间推移的同比增长率变化

关注于报告中需要注意的部分

吉姆想确保董事会成员都能够发现所有那些必须采取行动数字。

仪表板提示：关注于关键绩效指标（KPIs）

KPI 人人皆知，且几乎成了仪表板的代名词。KPI 代表关键绩效指标，建立 KPI 可以衡量其所关联指标的盈亏。起先，甚至在报表和电脑成为主流之前，公司就使用 KPI 来跟踪一段时期内业务的关键指标。在商务智能领域，关键绩效指标通常与可视化相关，诸如显示红、绿、黄的交通信号灯可表示指标状态。通常对于许多数据可视化工具而言（包括 Excel、Power Pivot 和 SQL Server Reporting Services），这种可视化已成为默认的控件或功能。

在仪表板中，我通常倾向于放弃使用传统 BI 词汇意义上的 KPI。相反，要将用户的注意力集中到仪表板中需要直接关注的那些部分，需要依靠其他可视化方法。当整个仪表板中充斥了红、绿、黄三种颜色时，就变得难以辨别任何东西，而且会引起分心从而无法将精力集中于需要注意的那些指标上。当某个指标达成目标后，还需要用一个大大的绿色图标或绿色背景来提醒大家要注意吗？通常答案是否定的，但有时也会得到肯定答案，这取决于该度量或业务需求的重要性。

请记住，客户永远是第一位的。当指标达成目标时，有些 CFO 或仪表板用户希望 KPI 显示为绿色。如果他们也接纳其他想法，那就应该要啥给啥。

吉姆从报告的关键指标部分选中 YoY% 单元格，并选择"开始"、"条件格式"，"突出显示单元格规则"、"大于"。

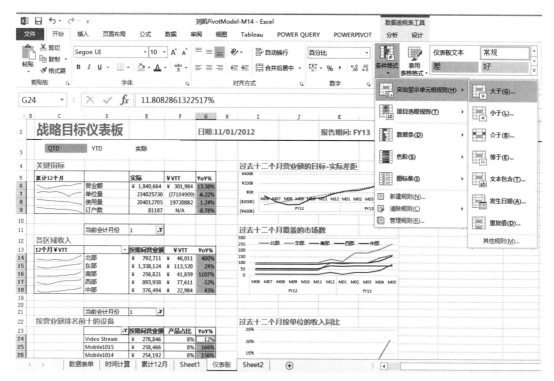

图 4 -72　添加条件格式

吉姆选择"浅红色填充"来为小于零的单元格设置突出显示格式。

图 4 -73　应用格式化规则

该报告中那些“小于零”的单元格中目前已应用了动态格式。

关键指标				
累计12个月		实际	¥VTT	YoY%
	营业额	¥ 1,840,664	¥ 301,984	13.38%
	单位量	234025730	(27104909)	-6.22%
	使用量	204012705	19720882	1.24%
	订户数	81187	N/A	-8.78%

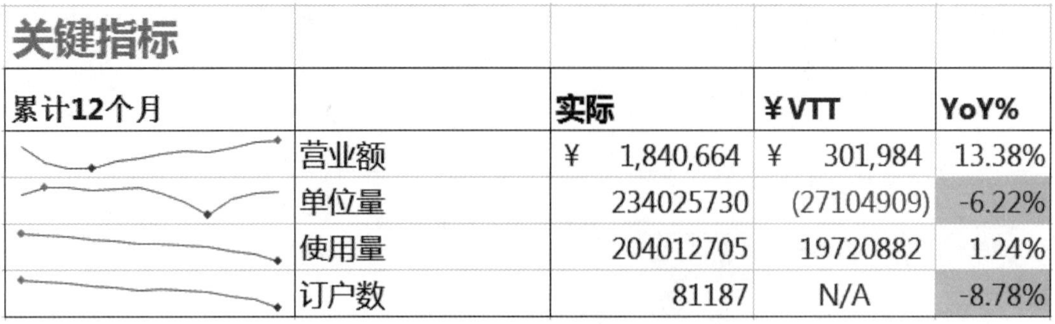

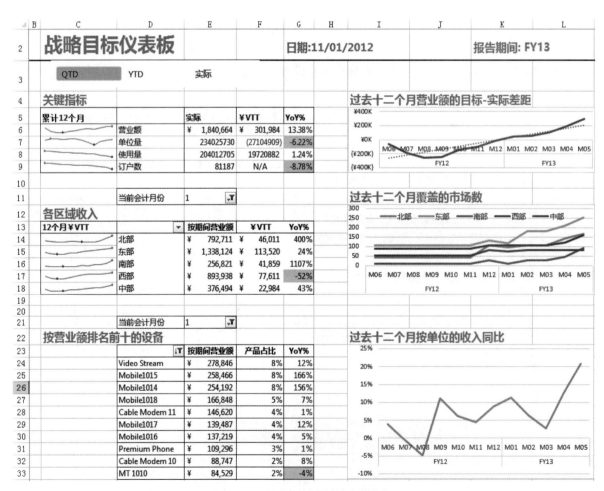

图 4－74 对同比增长率应用了动态格式的报表

现在使用格式刷，吉姆向数据透视表中包含百分比的所有其他单元格中，也添加了同样的格式规则。

吉姆对报表中的其他单元格添加相同的条件格式规则。不幸的是，由于格式刷能将除了条件格式以外的其他对象（如格式化字符串）覆盖掉，因此不宜使用格式刷。

结果是包含了全部指标展现的仪表板。

图 4－75 添加到仪表板的全部指标

整理仪表板：最后清单

吉姆现在准备完成报告并形成最终视图。他隐藏掉那些使用仪表板时不必要的项目，如那些包含数据透视表筛选器的行。在 Excel 功能区，他接下来选择视图并取消了对编辑栏、网格线和标题的勾选。

他将活动单元格移动到左上角位置，并保存工作簿。

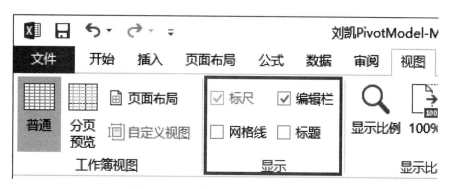

图 4-76   隐藏工作簿中的 Excel 元素

这使得工作簿版本更加简洁，甚至读者感觉不到该工作表是在 Excel 中建立的：

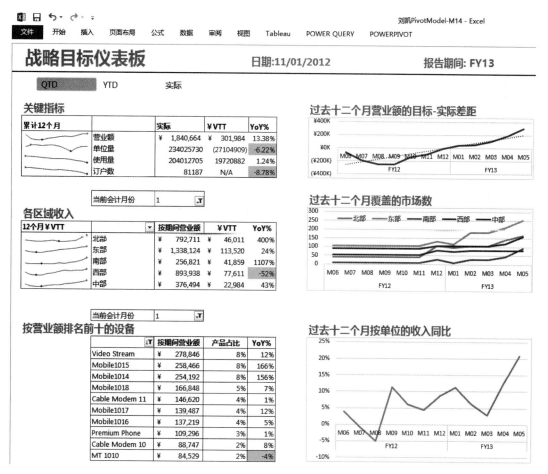

图 4-77   仪表板终稿

现在是对仪表板进行最后检查的时候了。吉姆认为决定仪表板成败的因素有以下几个：

- 所用字体是否相同？
- 颜色是否匹配？
- 各项目是否遵从亲密性原则？
- 各项目是否遵从统一对齐原则？
- 数据看起来正确与否？
- 仪表板的交互部件是否管用并符合预期？

现在是时候向一些关键用户展示仪表板，并获取反馈的时候了。下个步骤是创建可供用户深入到更多细节的详细报告。

5

用 Excel 和 Power View 创建交互式报告

本章中吉姆将向 Excel 当中创建一份详细报告，将允许用户深入到仪表板所呈现数据的详细信息当中。吉姆还使用 Power View for Excel 2013 创建了几份交互式报告，以开展可视化的数据探索。

用 Excel 或 Power View 创建交互式报告

吉姆所创建的仪表板中仅提供了有限高级别的概览。而现在用户有望能够深入钻取到更多细节，以便看到更多经营状况信息。

创建收入报告

吉姆觉得应创建一份收入主题的详细报告。他希望用户能用该报告从多个角度查看收入信息。用户能使用来自这份详细报告中的发现，来回答仪表板所呈现出的多个问题。

吉姆希望能允许用户能深入了解以下收入计算：

- 按地区的当期、季初至今（QTD）、年初至今（YTD）收入
- 按地区的当前财年收入
- 按计划类型的当期、季初至今（QTD）、年初至今（YTD）收入
- 按计划类型的当前财年收入
- 随着时间推移的收入
- 收入同比增长率的比较

吉姆知道要显示的数据有很多，但幸运的是 Excel 的一些技巧使得数据量更加可控。

吉姆打开 Excel 工作簿，并新增了一份名为收入的工作表。为了使报告看上去同仪表板保持一致，他用添加了一致的标题，并将第一行和第一列保持为空。他从仪表板的工作表中复制了标题，并对源自战略目标仪表板的收入报告的标题进行修改。

图 5 - 1　向报告中添加标题

吉姆想让这份报告更具交互性，而非一份静态报告，他想允许用户可对报告期间进行选择并希望这份报告具有高度的灵活性，因此他选择添加切片器，允许用户选择想要显示数据的财政年度。

吉姆单击"插入"、"切片器"。在弹出的"现有连接"对话框中，他选择了"数据模型"选项卡，单击"工作簿数据模型中的表"，并单击"打开"。

图 5 - 2　添加的切片器，能从数据模型中获取数据

"插入切片器"对话框出现了。吉姆选择"财年标签"来显示该财年数据。

图 5－3 选择财年标签

Excel 向工作表中添加了切片器。吉姆对切片器应用了"仪表板文本"样式，以确保仪表板的样式与报告一致。

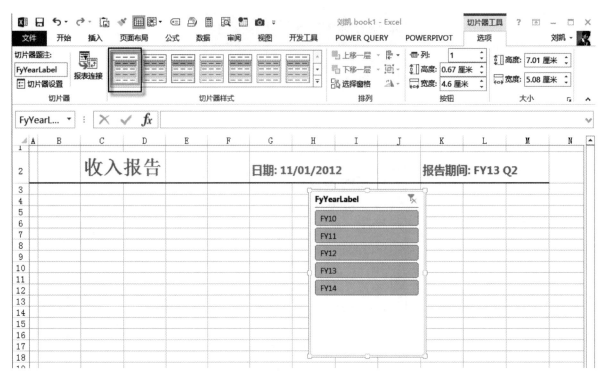

图 5 - 4　向工作表添加了切片器

　　吉姆然后选择"切片器工具"、"选项"、"切片器设置"。在"切片器设置"对话框中，他将取消"显示页眉"的勾选。

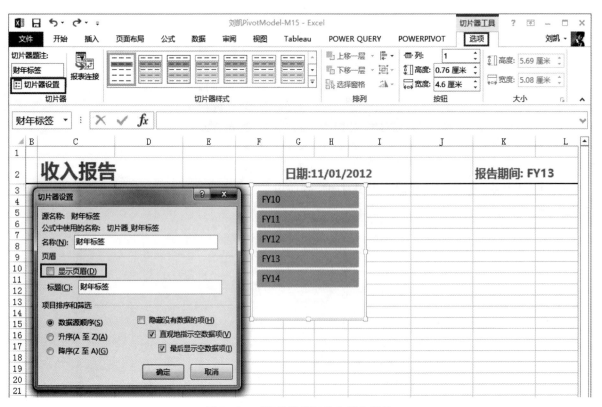

图 5 - 5　对切片器详细信息进行调整

随后吉姆将切片器拖动到标题中的报告期间旁，并将列数设置为 5，得到了想要的切片器视图。

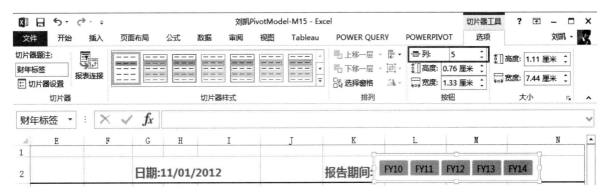

图 5 - 6　改变切片器的列数

Excel 提示：切片器

作为一个简单易用的筛选器部件，切片器在 Excel 2010 中首次引入。切片器中包含了一组按钮，使得能快速筛选数据透视表（或数据透视图）报告中的数据，而无须打开下拉列表来找到要筛选的项目。可将切片器用于任何 Excel 数据透视表中，无论是 Excel 数据模型还是原生数据透视表。切片器为交互式地显示数据提供了出色的手段。

有关切片器的详细信息，请参阅 Excel 帮助主题：http：//ppivot. us/Hx3EX。

吉姆现在想要包括按地区的收入分类汇总，所以添加了数据透视表，来显示各个区域的多种指标。在此数据透视表中，他还禁用了数据透视表选项中的"更新时自动调整列宽"。

为了确保仅显示当月销售，吉姆将当前会计月份字段拖动到筛选器区域，并选择 1。随后将区域字段添加到行区域，并将为仪表板所创建的期间字段拖到列区域。

除了利用第 4 章中所创建的作为切片器的日期期间表，正如他为仪表板所做的，吉姆也可将其用作数据透视表的标题。吉姆可用来显示收入、收入目标、目标差异，以及为"期间"列中的值（实际、季初至今、年初至今）来显示同比增长：

吉姆现在需要一个"收入目标"计算字段。他复制按期间查看收入计算字段，并创建一个新的名为按期间查看目标收入的计算字段：

［按期间查看目标收入］=
IF（
　［报表切片器设置到位］，
　SWITCH（
　　　VALUES（'期间'［期间］），
　　　"Actual"，［目标收入总额］，
　　　"YTD"，［财年 YTD 目标收入总额］，
　　　"QTD"，［财年 QTD 目标收入总额］
　　　）
　）

图 5 - 7 显示的是当前数据透视表，为每个时期显示了每个区域的每个计算，并带有总计值。

图 5 – 7　向数据透视表中添加值

　　由于很难看到整个表格，吉姆想通过应用些格式来解决。他先通过重命名计算字段，使之更加人性化。吉姆到数据透视表的值区域，单击"按期间查看收入"计算字段，并选择"值字段设置"。

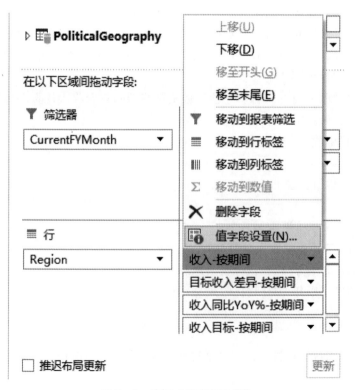

图 5 – 8　选择"值字段设置"

在出现的"值字段设置"对话框中,吉姆将自定义名称设置为"实际"。

图 5 - 9　改变字段名称

然后使用同样的方法,他将值区域下的所有其他计算字段重命名:

- 对按期间查看目标收入,使用名称"目标"。
- 对按期间查看目标收入差异,使用了名称 $VTT(目标达成差异)。
- 对按期间查看收入同比增长率,使用了名称 YoY%(同比增长率)。

要让数据透视表看上去更加干净整洁,他为数据透视表应用了 10 磅 Segoe UI 字体,并选择设计,数据透视表工具选项卡上的"无"。数据透视表变得更具可读性。

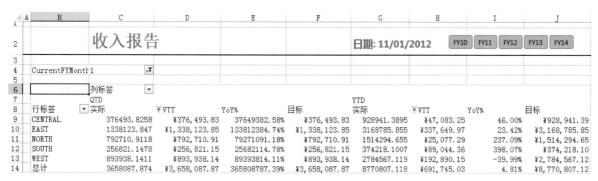

图 5 - 10　设置数据透视表样式

由于尚未对数值格式化,吉姆决定使用开始选项卡上的"数据",将所有包含收入的列,变更为货币样式，不带小数点位数，并将 YoY% 列改为百分比样式。

为了强调数据透视表的标题，吉姆选择标题并将背景颜色设置为浅灰色，并对单元格中的文本设置为居中显示。吉姆注意到该列实在是过宽，因此选中数据透视表所有的列，并鼠标右键单击选择列宽，经尝试后发现最佳宽度为 9。最后，由于数据透视表中的文本"行标签"不能提供任何价值，吉姆将其去除。

收入报告　　　　　　　　日期:11/01/2012　　　报告期间: F　FY10　FY11　FY12　**FY13**

区域	北部	东部
	南部	西部
	中部	

洲简称：AK AL AR AZ CA CO CT DC DE FL GA HI IA ID IL IN KS KY LA MA MD ME MI MN MO MS MT NC ND NE NH NJ NM NV NY OH OK OR PA RI SC SD TN TX UT VA VT WA WI WV WY

年度最近会计月份　1

| | YTD | | | 实际 | | | QTD | | |
	实际	按期间VTT	YoY%	实际	按期间VTT	YoY%	实际	按期间VTT	YoY%
北部	¥1,514,295	¥-25,077	237%	¥437,552	¥-46,011	400%	¥792,711	¥-66,144	342%
东部	¥3,168,786	¥-337,650	23%	¥621,381	¥-113,520	24%	¥1,338,124	¥-206,100	30%
南部	¥374,218	¥-89,044	398%	¥178,089	¥-41,859	1107%	¥256,821	¥-64,931	756%
西部	¥2,784,567	¥-192,890	-40%	¥426,653	¥-77,611	-52%	¥893,938	¥-117,820	-51%
中部	¥928,941	¥-47,083	46%	¥176,989	¥-22,984	43%	¥376,494	¥-36,859	47%
按区域	¥8,770,807	¥-691,745	5%	¥1,840,664	¥-301,984	13%	¥3,658,088	¥-491,854	10%

图 5 – 11　样式改进后的数据透视表

吉姆现在对数据透视表十分满意，但也注意到一件重要事情：并未同切片器相连接。他需要能显示出每个财政年度的信息。要连接切片器，他需要选择"数据透视表工具"、"分析"、"筛选器连接"、"财年标签"。

现在吉姆意识到自己所犯的错误。由于已选择当前会计月份列作为切片器，那么对任何其他财政年度的选择将不再生效，这是由于当前会计月份绑定到了当前财年而非到每个财年。他需要找到另一种方式来对数据透视表上的筛选器进行设置，所以决定添加一个具有选择每年度最近月份的新计算列。吉姆打开 Power Pivot 中的日期表。吉姆希望能够选择每个年度的最后日期，并为此创建了一个计算字段：

［本年最近会计月份］=
CALCULATE(
LASTNONBLANK('日期表'［日期］,［收入总额］)
,ALLEXCEPT('日期表')
,'日期表'［财政年度］)
)

最后，由于数据透视表的行标题"行标签"不提供任何价值，他将其去除。吉姆选中单元格并用一个空格替换掉文本"行标签"。

> 对于每个有收入的财政年度，该表达式从日期表中的日期列中获取最后一个值。该表达式使用的并非 ALL 函数，而是 ALLEXCEPT 函数，来获得整个表格的最后一个值。该 ALLEXCEPT 函数去除了表格中除参数所提供的列之外的所有筛选器。在这种情况下，总会给出全年的最后期限；并将覆盖掉月、周、天，但不覆盖年份。

要测试新的计算字段，吉姆将 FyYear 置于数据透视表的行区域中。由于可以看到每年最后日期，吉姆知道计算字段起作用了。

	本年最近会计月份
2010	2010/6/1
2011	2011/6/1
2012	2012/6/1
2013	2012/11/1
总计	**2012/11/1**

图 5-12 测试计算字段

吉姆现在想在“日期表”中创建一个计算列，这样就可以在自己的数据透视表中进行筛选。他向日期表中添加了如下计算列：

```
[年度中的最近会计月份] =
IF(
[年份] = YEAR([年度最近会计月份])&&
[月份] = MONTH([年度最近会计月份]),1,
0
)
```

> 对于表格中的每一行，此公式都对日期表当前行中的年份，同计算字段的结果相比较。

吉姆想再次对计算列测试，因此更新数据透视表并向行区域添加会计月份标签，并向筛选区域添加新的年度最近会计月份计算列。然后看到计算列起作用了。

年度最近会计月份	1
FY10	
M12	
FY11	
M12	
FY12	
M12	
FY13	
M05	
总计	

图 5-13 测试计算列

吉姆决定他不再需要在数据透视表中直接使用“年度最近会计月份”，所以将其从 Power Pivot 窗口中的计算字段窗格中隐藏。他还删除了那个曾添加用来测试计算的工作表。

吉姆现在更新了收入表以使用新的计算字段，并用切片器来切换财政年份，来测试现在数据透视表是否起作用。他很高兴地看到确实起作用了。

现在财政年度切片器起作用了，吉姆希望允许用户能按其他维度切片和切块。他希望能够按地区和国家，以及按设备和规划的项目类型来查看数字。吉姆打算用切片器来实现。他首先通过选择"插入"、"切片器"，来为地区和国家添加切片器。在"插入切片器"对话框出现时，他选择"区域"和"州简称"。

图 5 – 14　为切片器选择字段

　　Excel 将切片器添加到工作簿的中间位置。吉姆将其移动到数据透视表的上方区域，确保切片器不与数据透视表筛选器重叠，以稍后将这些行隐藏。他还确保选择了"仪表板文本"样式，以便这些新的切片器看起来同第一个切片器保持一致。

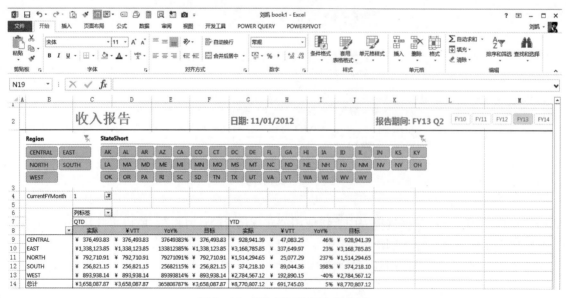

图 5 – 15　添加区域和国家切片器

　　吉姆创建了设备类型和计划类型切片器并添加到数据透视表的右侧。他创建了一个新的样式以将这些切片器区分为不同类型。他选择了与其他切片器一致但看起来略有不同的浅色。

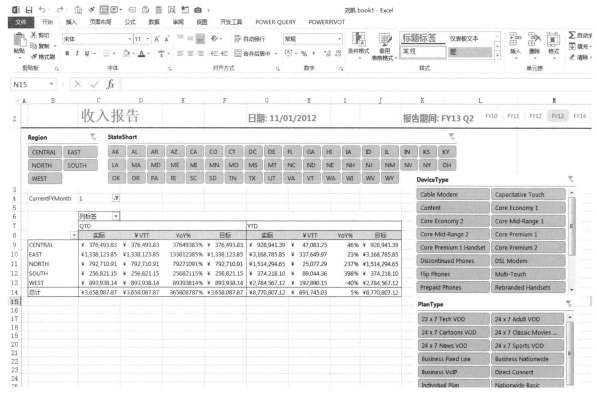

图 5 – 16　添加计划的项目类型和设备类型切片器

> 　　您可能会注意到，这份报告的设计与仪表板的方式有所不同。其想法在于，其目标并非让用户用一分钟快速浏览，而是用户可以选择读取报告来查看详细内容以真正深入该主题中的详细信息。尽管如此，一些适用于仪表板的规则也同样适用于这些报告，比如要确保不要分散注意力，并适当地将对象对齐。

　　现在吉姆将所有切片器连接到数据透视表中，并测试是否按预期起作用。他们确实起作用了。吉姆希望确保这些数字在报告中动态呈现，所以向报告中添加了一些条件格式。他选择了数据透视表中的每个"实际"列，然后选择"开始"、"条件格式"、"数据条"。

CurrentFYMonth	1							
	列标签							
	QTD				YTD			
	实际	¥ VTT	YoY%	目标	实际	¥ VTT	YoY%	目标
CENTRAL	¥　376,493.83	¥　376,493.83	37649383%	¥　376,493.83	¥　928,941.39	¥　47,083.25	46%	¥　928,941.39
EAST	¥1,338,123.85	¥1,338,123.85	133812385%	¥1,338,123.85	¥3,168,785.85	¥　337,649.97	23%	¥3,168,785.85
NORTH	¥　792,710.91	¥　792,710.91	79271091%	¥　792,710.91	¥1,514,294.65	¥　25,077.29	237%	¥1,514,294.65
SOUTH	¥　256,821.15	¥　256,821.15	25682115%	¥　256,821.15	¥　374,218.10	¥　89,044.36	398%	¥　374,218.10
WEST	¥　893,938.14	¥　893,938.14	89393814%	¥　893,938.14	¥2,784,567.12	¥　192,890.15	-40%	¥2,784,567.12
总计	¥3,658,087.87	¥3,658,087.87	365808787%	¥3,658,087.87	¥8,770,807.12	¥　691,745.03	5%	¥8,770,807.12

图 5 – 17　将数据条添加到数据透视表当中

　　要显示所选财政年度中的最近月份，吉姆想显示出所选财政年度的所有月份收入。他希望在该数据透视表右侧，以现有数据透视表为模板，放置一个显示当前月份值的数据透视表。他选中数据透视表，然后选择数据透视表工具，分析，整个数据透视表。然后，他将数据透视表复制并粘贴到原始数据透视表右侧旁，这样就有了数据透视表的完整副本，包括所有样式和所连接的切片器。随后向行区域添加会计月份标签（FyMonthLabel），并去除筛选器区域中的年度的最近会计月份（LastFyMonthof-Year），并将期间列从行区域移动到筛选区域，以确保仅显示每个月份的实际值。他现在可以看到所选财政年度的逐月收入。

期间	实际 🔽		
🔽	实际	按期间VTT	YoY%
M01	¥5,021,883	¥411,156	
M02	¥5,015,392	¥341,873	
M03	¥5,208,766	¥137,226	
M04	¥5,198,732	¥123,014	
M05	¥5,128,182	¥75,023	
M06	¥3,528,958	¥308,302	
M07	¥4,950,723	¥689,738	
M08	¥4,844,686	¥741,358	
M09	¥4,583,025	¥974,333	
M10	¥4,786,751	¥632,984	
M11	¥4,939,796	¥588,913	
M12	¥4,992,901	¥499,312	
总计	¥58,199,794	¥5,523,231	

图 5-18　数据透视表显示了该年度所有月份的收入

　　通过更改，吉姆向工作表当中添加了大量数据。大多数用户不希望任何时候都看到所有这些数据，所以吉姆需要弄清楚如何仅在需要时显示适当的信息。他首先将包含数据透视表筛选器的行隐藏掉。吉姆认为并非所有用户需要查看所有月份的收入，他知道可以使用 Excel 中的分组功能来缺省地将这一视图隐藏。

Excel 提示：分级显示数据

　　在微软有些出色 Excel 专业人士担任分析师，我最近在同他们一起工作时，了解到 Excel 中有个小窍门。Excel 中的分级显示功能，允许只需点击一下按钮即可折叠和展开一组行或列。这使得在提供大量数据时不必呈现全部数据。欲了解更多信息，请参阅http：//ppivot. us/9DB3V。

　　吉姆将计划类型和设备类型切片器，移动到所复制数据透视表的右侧（即他希望用户能够折叠的那列）。他选择了数据透视表中所包含的全部列，然后选择"数据"、"分组"。

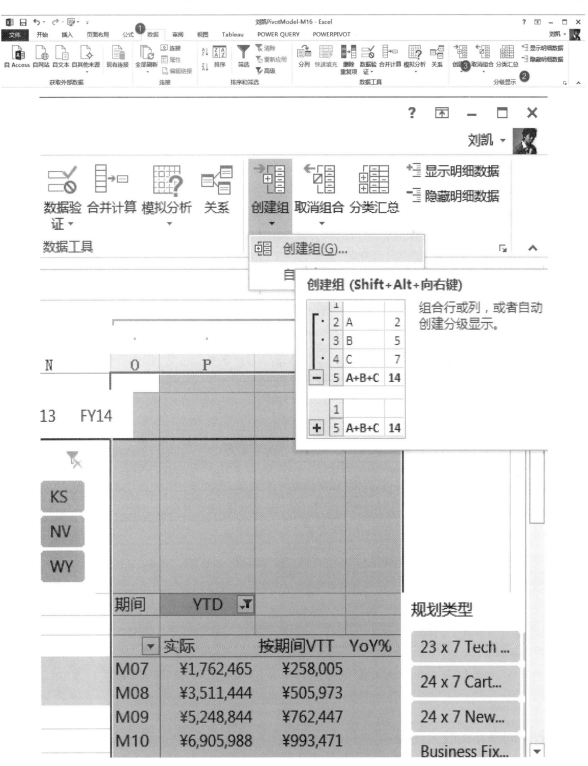

图 5-19　对单元格范围创建组

通过在工作表大纲中点击"-"号（在创建组后立即出现），吉姆现在关闭了"分组"。这样就隐藏了整个数据透视表。

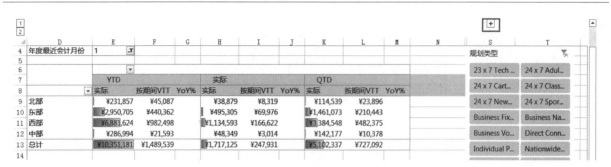

年度最近会计月份	1								
	YTD			实际			QTD		
	实际	按期间VTT	YoY%	实际	按期间VTT	YoY%	实际	按期间VTT	YoY%
北部	¥231,857	¥45,087		¥38,879	¥8,319		¥114,539	¥23,896	
东部	¥2,950,705	¥440,362		¥495,305	¥69,976		¥1,461,073	¥210,443	
西部	¥6,881,624	¥982,498		¥1,134,592	¥166,622		¥3,384,548	¥482,375	
中部	¥286,994	¥21,593		¥48,349	¥3,014		¥142,177	¥10,378	
总计	¥10,351,181	¥1,489,539		¥1,717,125	¥247,931		¥5,102,337	¥727,092	

图 5-20　将列分组到单个大纲视图中

吉姆还希望用户能够关闭"区域"，所以选择区域并也将其分组。他将总计重命名为"按区域"（By Region），可以很容易地看到在哪里可以打开或关闭详细信息。

要为"按计划类型"添加同样的视图，吉姆复制了部分数据透视表，并置于原始数据透视表下方的几行，并用"按计划类型"（PlanType）来替换"按区域"。

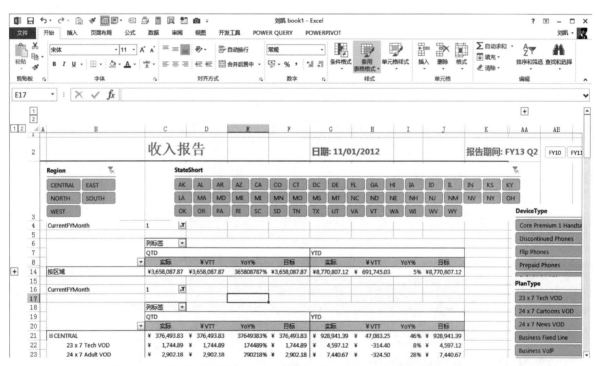

图 5-21　"按计划类型"的收入分类汇总，以及一个关闭后的按地区分组

创建随着时间推移的收入图表

吉姆希望该报告能显示出收入的其他方面：随着时间推移的收入额趋势。他决定创建一个对比图表，来显示当前年份收入、一年以前的收入，以及两年以前的收入。

通过按下 Alt 键并用鼠标拖动图表，他将数据透视图插入到数据透视表的下方，排成一排。然后，他将财政年度切片器连接到数据透视图中。

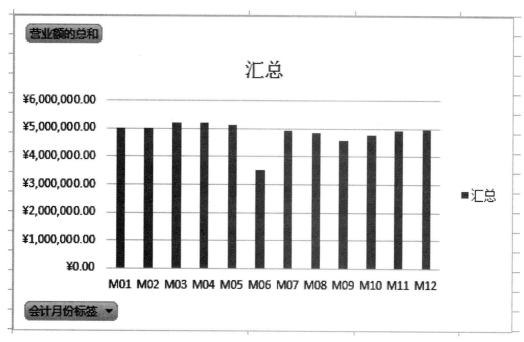

图 5 - 22 将按会计月份标签对收入的分类汇总添加到数据透视图

吉姆将图表类型改为折线图。他想添加上年收入总额计算字段但却无从找到。他记得之前曾将该计算字段隐藏，因此返回到 Power Pivot 窗口的计算区域并取消了对该计算字段的隐藏。他然后复制该计算字段，以允许对两年前的收入总额进行计算：

[两年前收入总额] =

IF(

    HASONEVALUE('日期表'[财政年度]),

    CALCULATE(

        [收入总额],

        DATEADD('日期表'[日期], -2, YEAR)

)

)

吉姆然后向数据透视图添加了去年和前年的收入总额。他还对图表做了些可视化调整，包括隐藏字段按钮，将图例移动到底部，对轴格式化来显示以百万为单位的值。

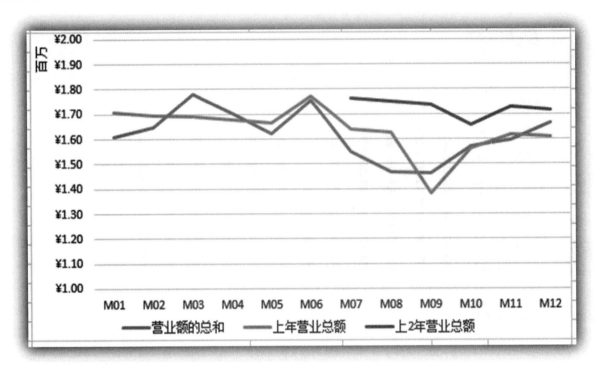

图 5 – 23　添加更多计算字段并变更为折线图

用 DAX 预测收入

吉姆知道能够为今年的其余时间预测销售，这对于财务团队非常重要。他想将图表修改为基于过去成果来为今年其余时间显示收入预测。要完成此事，需要用几个复杂的 DAX 计算。

> 不要被本章中的 DAX 表达式弄得不知所措，这些例子显示了 DAX 语言的威力。

吉姆想要做的第一件事情，是确定他要预测未来销售的增长率。他要用过去六个月的平均同比（YoY）增长率来预测未来。他通过以下 DAX 计算来实现这点：

［过去 6 个月的平均增长率］=
CALCULATE (
　　　AVERAGEX (
　　　　　VALUES('日期表'[年月数]),
　　　　　［收入同比增长率］
　　　　　),
　　　ALL('日期表'),
　　　DATESINPERIOD(
　　　　　'日期表'[日期],
　　　　　CALCULATE(
　　　　　　　LASTNONBLANK('日期表'[日期],[收入总额]),
　　　　　　　ALL('日期表')
　　　　　　　),
　　　　　-6,MONTH

)

　　　　)

> 　　这些计算字段为每个'日期表'［年月数］决定了［收入同比增长率］的平均值，其中日期处于那些有［收入总额］的最后日期前的最近半年内。
>
> 　　AVERAGEX 函数确保为每个'日期表'［年月数］值都计算［收入同比增长率］值。通过使用 ALL（'日期表'），CALCULATE 函数使得那些由数据透视图所决定的计算不受当前日期上下文的限制。然后 DATESINPERIOD 函数添加了新的上下文。该函数返回了带有收入总额的 LASTNONBLANK 的'日期表'［日期］值以及该日期之前半年内'日期表'［日期］列中的所有行，并通过使用 CALCULATE 和 ALL（'日期表'）筛选器，来确保使用了整个日期表。

　　接下来吉姆将创建一个计算字段，用于确定当月以来的月份数。这使得可将对未来几个月乘以平均增长率。未来月份越多，数值就越高。

　　　　［本月之后的月份数］=（

　　YEAR(STARTOFMONTH('日期表'［日期］)) – YEAR(［发票表的绝对最近日期］)

　　) * 12

　　+ MONTH(STARTOFMONTH('日期表'［日期］)) – MONTH(［发票表的绝对最近日期］)

> 　　对当前 '日期表'［日期］列使用 STARTOFMONTH 函数，该函数计算了该月首日的 YEAR，然后减去由［发票表的绝对最近日期］所返回日期的 YEAR。由于每年有 12 个月，将该结果乘以 12。随后该结果加上以下两个日期之间的月份差额：由 STARTOFMONTH 函数对当前'日期表'［日期］所返回的 MONTH，以及［发票表的绝对最近日期］所返回日期的 MONTH 之间的月份差额。
>
> 　　有关这些表达式类型的详细信息，请参阅 http://ppivot.us/Zz1zb。

　　吉姆想用之前的两个计算来确定预测增长率。他用 POWER 函数给出了 1 并加上从当期月份开始的月份数量的平均增长率。这给出了一个不错的收入增长路线轨迹：

　　　　［预测增长因子］(［ProjectedGrowthFactor］) =

　　POWER (

　　　　1 +［过去 6 个月的平均增长率］,

　　　　［本月之后的月份数］

　　　　)

　　对于类似计算，请参阅 PowerPivotPro.com 中的以下博客帖子：http://ppivot.us/CBiYi。

　　现在，所有需要做的是将预测增长因子乘以上个月的收入。吉姆为 Contoso 通信公司确定了最近收入值：

　　　　［最近收入］=

　　　　　　CALCULATE (［收入总额］,'日期表'［当前会计月份］= 1,

　　　　　　　　ALL('日期表'))

　　该计算字段使用 ALL 函数以确定［收入总额］，其中对于整个日期表而言，当前会计月份为 1。

　　最后，吉姆可将［最近收入］乘以［预测增长因子］，但当且仅当［本月之后的月份数］返回的值为正值时，才意味着月份是某个未来月份。他将该计算字段添加到图表，并将预测线从实线改为虚线：

　　　　［预测收入］= IF(［本月之后的月份数］> = 0,［最近收入］*［预测增长因子］)

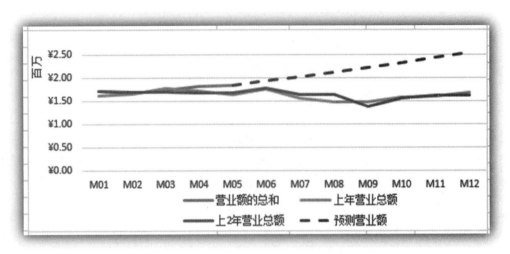

图 5 – 24　添加预测收入图表

　　当测试该计算字段时，吉姆认为如能基于用户可选的月份数来使计算字段确定平均增长率，那就太棒了。吉姆想要在图表上方添加一个切片器以供用户在其中选择预测时的所用月份。因此向之前创建的变量表中添加了一个包含值 3、6、9、12 和 24 的表格。随后他将此表格添加至数据模型中。

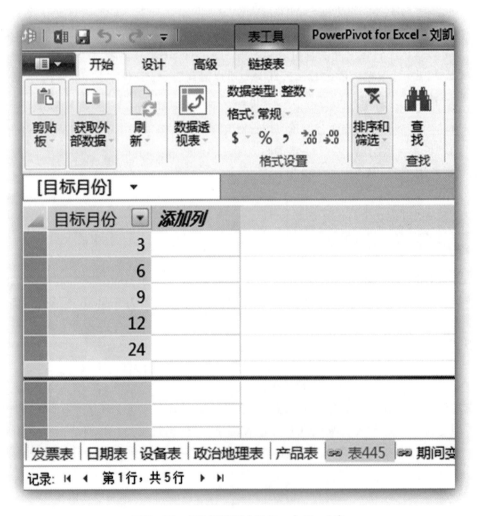

图 5 – 25　向数据模型中添加一个 Excel 表

吉姆在模型中使用该表格，以向数据透视图添加切片器并连接到切片器。他还向图表中添加了一个标题。

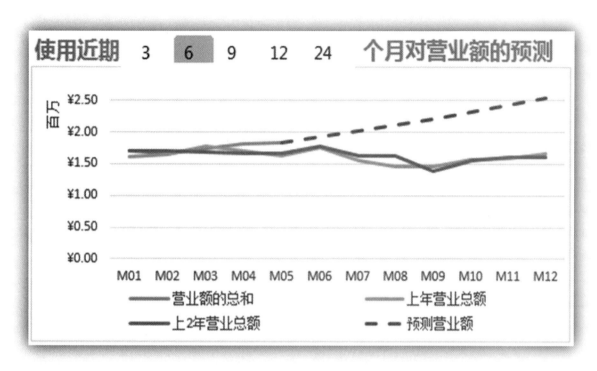

图 5 – 26 向数据透视图中添加切片器和标题

吉姆需要一个能得到用户所选月份的计算字段：

所选目标月份 =

IF(

　　HASONEVALUE('目标月份'[目标月份]),

　　VALUES('目标月份'[目标月份]),

12

)

> 由 IIASONEVALUE 函数来确定当且仅当有一个值时，该计算字段为当前切片器获取'目标月份'[目标月份]的值。如果选中多个值时，该计算字段返回 12。

在增长率计算中使用该计算字段也相当简单。并非在计算中硬编码一个 " – 6"，吉姆使用 [所选目标月份] 并乘以 " – 1"：

[过去 N 个月的平均增长率] =

CALCULATE(

　　　AVERAGEX (

　　　　　VALUES('日期表'[年月数]),[收入同比增长率]

　　　　　),

　　　ALL('日期表'),

　　　DATESINPERIOD(

　　　　　'日期表'[日期],

```
CALCULATE(
        LASTNONBLANK('日期表'[日期],[收入总额]),
        ALL('日期表')
        ),
    [所选目标月份]*-1,MONTH
    )
)
```

该计算允许用户用切片器来显示每月的增长预测值。

比较同比增长

吉姆想添加的最后图表，是个能为收入、单位量和使用量之间进行同比增长比较的可视化对象，来看看存在哪些关系。吉姆向报告中添加了一份数据透视图，并将所有切片器连接到数据透视图。随后向行区域中添加了会计月份标签，并向值区域中添加了三个 YoY%：收入的同比增长率，使用量的同比增长率，以及单位量的同比增长率。

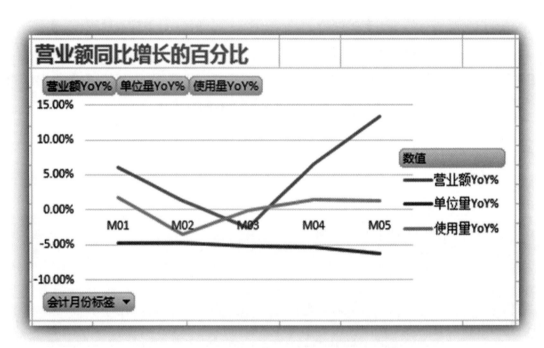

图 5-27   在一个图表中对多个同比增长率进行比较

接着，吉姆隐藏了字段按钮并将图例向下移动至底部。该报告现在允许用户从多个角度深入收入。吉姆再次通过隐藏网格线、标题和公式栏，完成了这份报告。

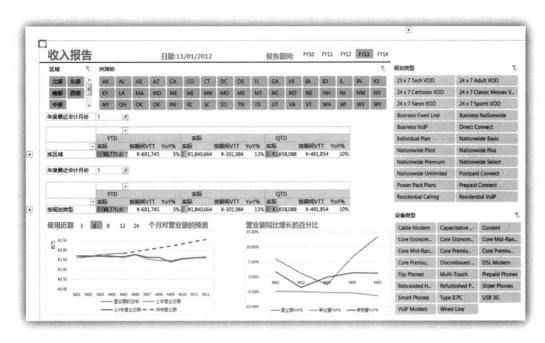

图 5 - 28 收入报告终稿

创建工作表之间的链接

吉姆希望用户能从仪表板直接转向收入报表，并通过使用 Excel 中的超链接功能来实现：他选择了"分地区收入"标题，然后选择"插入"、"超链接"。在"编辑超链接"对话框中，当点击将用户引入到文档中位置时，吉姆选择"收入"工作表。

图 5 - 29 创建超链接

添加超链接来重置标题样式，所以吉姆使用格式刷来添加以前的样式。他还使用标题下划线以表明是个用户可点击的链接。

图 5－30　链接的标题

使用 Power View 进行数据探索

吉姆希望用户能够以更加交互的方式来对仪表板中所收集的数据进行分析。他决定使用 Excel 2013 中名为 Power View 的新功能来获取分地区收入和分产品收入的交互见解。

Power View 提示：Power View 是什么？

Power View 是款激动人心的产品，与 Power Pivot 出自同一团队之手（SQL Server 商业智能团队）。它提供了高度交互式的数据探索和可视化，并鼓励直观的即席报告演示体验。Power View 软件连同 Excel 数据模型一起，可更易于创建漂亮且具有见解的报告，以帮助讲述故事。例如，当向一组用户演示财务报告时，可使用 Power View 来创建漂亮且高度交互式的报告。

以下几项功能将 Power View 同 Excel 和传统报表工具区分开来：

- 仅需点击几下即可具备数据可视化能力。
- 使用起来非常简单直观。
- 提供了工作表中不同元素间的高度交互性，使得无须离开工作表，用户即可获得新的见解。

- 可供创建新的可视化对象，如播放轴、地图、卡片和图像。
- 可供用户在不同类型的可视化对象间快速切换选择。

有三种 Power View 软件类型供选择：

- Power View for SharePoint。这是 SharePoint 的一个组成部分，Power View 的网页版。允许在 Power Pivot 工作簿之上，或在外部分析服务模型之上的浏览器中创建报告。最初第一版 Power View 就是 SQL Server 2012 中附带的。

- Power View for Office 365。这是 SharePoint 中附带的同一个网页版。其中，报告嵌入与 Office 365 共享的 Excel 工作簿的内部。这是 Power View 的"云"版本，将比第一种更频繁地定期更新。

- Power View for Excel 2013。该 Power View 版本是 Excel 2013 中的一部分。这种新的 Power View 工作表类型允许用户能基于 Excel 数据模型或外部分析服务模型来创建报告。

使用地图来对分地区销售数据可视化

要向 Excel 工作簿中安装 Power View 工作表，吉姆选择"插入"、"Power View"。

图 5 - 31　插入 Power View 工作表

Power View 提示：在哪里可以找到 Power Pivot 或 Power View？

Excel 2013 的某些版本中不包含 Power Pivot 或 Power View。Power Pivot 和 Power View 仅适用于特定的 Excel 品类。有关详细信息，请参阅本博客文章：http：//ppivot. us/Yzs.II。

向工作簿中添加了新的 Power View 工作表。

图 5 – 32 向工作簿中添加新的 Power View 工作表

Power View 提示：Power View 入门

Power View 的使用方式与 Excel 大有不同。有些差异非常直接明了，例如 Power View 中没有网格线，而是有一个从右侧打开的窗格。

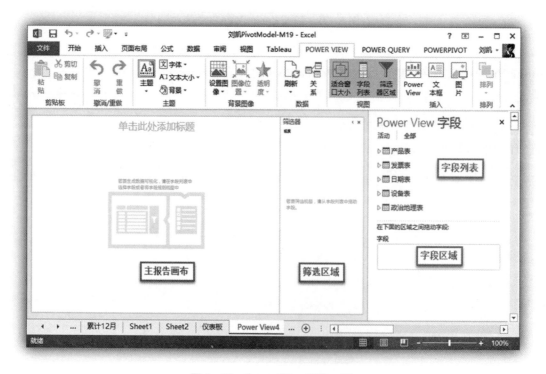

图 5 – 33 Power View 画布一览

并非直接向 Excel 画布中添加图表，Power View 包含了不受网格线限制的自由格式画布。（曾经由于插入新行导致将对齐搞乱的情况再也不会发生了！）可通过从字段列表中选择某个字段来创建新的可视化；Power View 将该字段添加至字段区域，并向主画布中的首个可用的自由位置添加了一个可视化对象。正如前所述，这是个自由画布，可信手将可视化对象拖动至画布上的任何地方。

Power View 和 Excel 之间的另一区别在于，画布仅限于一屏之内，无法滚动出屏幕之外。Power View 主画布始终使用"4∶3"的宽高比。在 Power View 中也可通过将筛选器添加至筛选区域，来将筛选器添加到工作表的所有可视化对象当中。该区域由两部分组成：一个视图选项卡和一个图表选项卡。添加到视图选项卡中的筛选器适用于整个工作表，而添加到图表选项卡的筛选器仅适用于刚刚所选的可视化对象。

要添加标题，吉姆选择位于工作表顶部的标题栏，输入"分地区收入"，并使用 Power View 文本选项卡上的对齐方式来将标题左对齐。

图 5 - 34　更改文本设置

吉姆不打算马上添加任何筛选器，所以点击 Power View 选项卡上的筛选区域按钮来关闭筛选区域。由于 Power View 主画布会自动调节以使 Excel 中的可用空间最大化，这为准备报告预留了更多空间。

吉姆想分地区显示年初至今的目标达成差距。他选择地区字段并将向画布中添加了一个带有所有地区的表格。

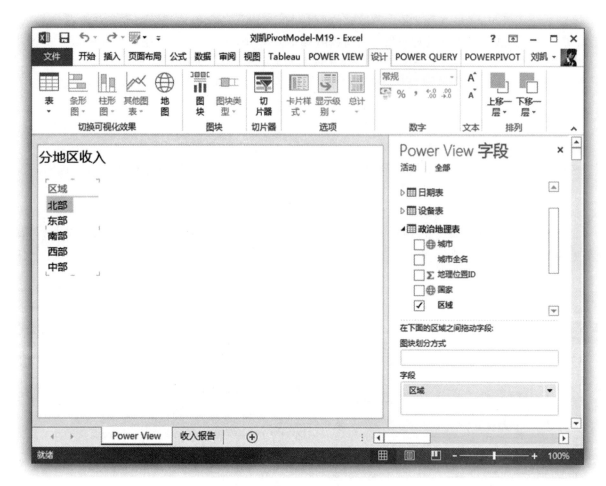

图 5 - 35　添加到 Power View 画布的表格

　　吉姆然后选择财年 YTD 收入目标差异计算字段并将其添加到表格中。由于缺乏所选的财政年度，该计算字段将不返回任何结果。要解决此问题，吉姆点击了画布上当前表格的外侧区域，并将该选项从当前表格中去除。

　　他现在打开字段列表中的日期表并选择财年标签复选框。Power View 向画布中添加了一个新表格。吉姆想将该表格的值用作切片器，因此选择"设计"，"切片器"。

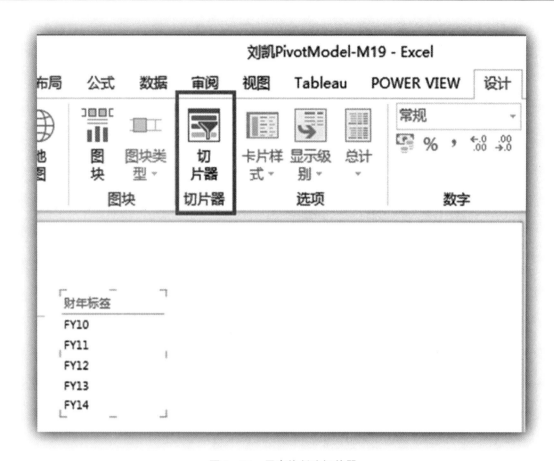

图 5 –36　用表格创建切片器

Power View 提示：在 Power View 中设置计算字段的格式

　　使用格式化使视觉效果更具可读性至关重要。在 Excel 中，可使用 Excel 格式随心所欲地对图表或表格以任意方式格式化。在 Power View 中，格式化工作略有不同：Power View 使用了 Excel 数据模型中所设置于某列或某计算字段的格式。当在 Power Pivot 窗口设置或更改格式时，有关格式的信息就存储于 Excel 数据模型内部。Power View 能检索到这些信息并应用适当的格式。

图 5 - 37　改变某列或某计算字段的格式

　　在 Power View 中将表格变为切片器后，吉姆选择了 2013 财政年度。现在先前加入的表格中出现了 2013 年的值。

图 5-38　Power View 画布中的切片器和表格

为了对分地区目标达成差距进行可视化展现，吉姆决定切换为一列柱状图。他将该图表移动到右上角，并通过将鼠标悬停于图表并选择排序选项，将默认排序从地区变更为目标差距。

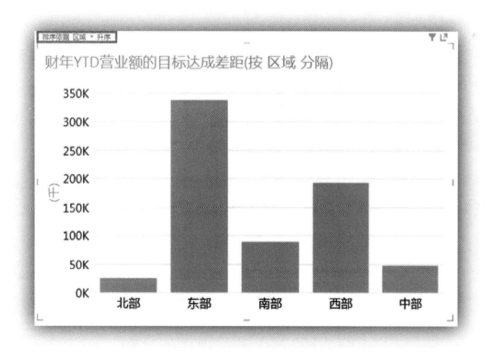

图 5-39　为 Power View 中的图表更改排序选项

吉姆还希望将自有标签添加到图表中，所以禁用了布局选项卡中由 Power View 提供的标签。

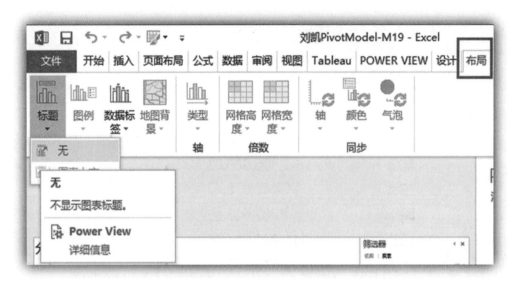

图 5 – 40   去除图表标题

Power View 提供的最佳可视化对象之一，正是 Excel 中所欠缺的地图图表。吉姆决定添加该图表以对各地区的销售进行可视化展现。他将州简称和收入总额添加到画布上，并选择"设计"，"地图"。然后将该可视化对象拖拽到之前的图表旁边，并将财政年度切片器拖拽到地图上方。Power View 允许图表重叠。不错的开局。

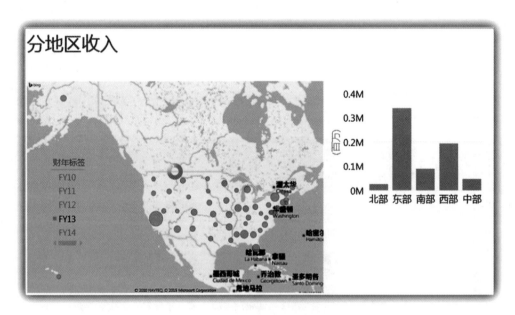

图 5 – 41   向画布中添加地图

Power View 提示：Power View 地图

令人相当惊讶的是，无须对数据有关的任何方面给出指示，Power View 就可显示出地图。对于想要的可视化，Power View 可向必应（Bing）地图引擎发出请求。Bing 知道如何对有意义的位置可视化，比如位于西雅图的 Safeco 球场，以及我家乡埃因霍温（Eindhoven）的 PSV 足球体育场。

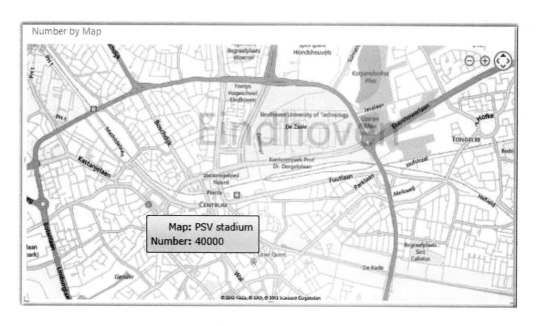

图 5 - 42 无须经纬度信息即可对世界各地的数据可视化

当然这种方法也有不足之处：你需要有激活的互联网连接来使用地图。由于世界各地的一些城市或城镇可能存在同名问题或其他问题，有时候数据无法正确显示出来。此帮助文档介绍了如何解决此类问题http：//ppivot. us/omg7L。

吉姆想对图表中的每个区域进行强调，因此他决定对图表上的每个点依据其所属组别以不同颜色相关联。他先按地区对州分组，因此将其中一个区域拖动到字段区域的颜色区域。结果 Power View 向可视化对象添加了一个图例，但这并非吉姆想要的，于是通过使用布局选项卡将其去除。现在他得到了想要的图表。

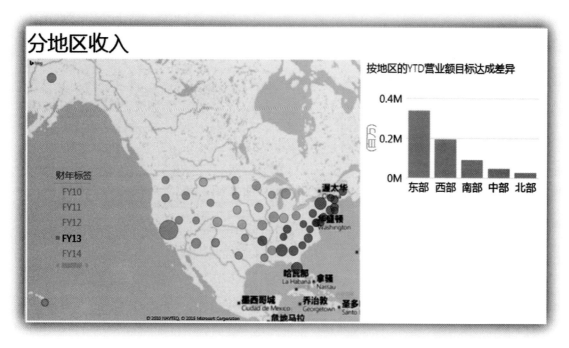

图 5 - 43 将颜色添加至地图可视化对象当中

Power View 提示：Power View 字段区域

　　与 Excel 有所不同，Power View 中的字段区域（见图 5 – 33）随着每个可视化对象而变化。某些区域仅适用于某些可视化效果。例如地图图表有一个位置区域和大小区域，而折线图有一个值区域和轴区域。每当在不同的可视化对象之间切换时，Power View 试图尽可能映射出区域间的字段；当不可能时就放弃该字段。

　　该 Power View 报告需要尽可能地动态，而且吉姆希望用户能够深入城市级别中。因此他将城市字段添加到州简称字段下方的位置区域中。

图 5 – 44　多级位置浏览

　　现在当用户在图表中双击该区域时，Power View 会自动放大以显示属于该区域的城市。

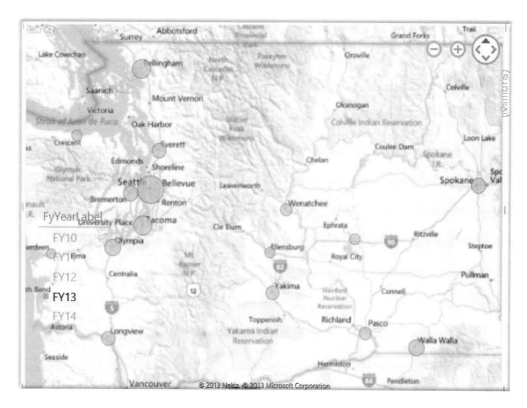

图 5 - 45　放大进入美国华盛顿州地区后，展示出了每个城市的收入

　　在地图上方，向上箭头使用户能导航回到区域视图。

　　接着吉姆要展示当前所选财政年度的每月市场数目。吉姆选择市场数目计算字段，将会计月份标签添加到该区域，之后将可视化对象变更为折线图。他再次决定去除标题，并使用 Power View 布局选项卡来添加数据标签。

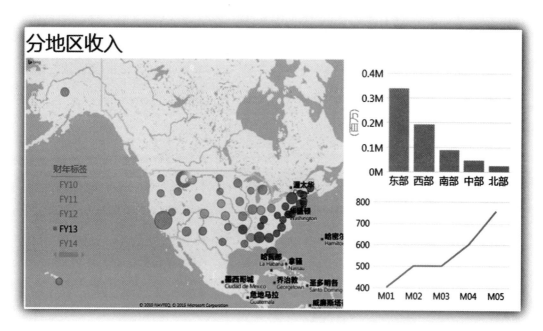

图 5 - 46　将更多可视化对象添加到 Power View 画布当中

在吉姆继续添加更多可视化效果之前，他要将自有标题添加到图表上方。他选择 Power View，用"文本框"来实现。

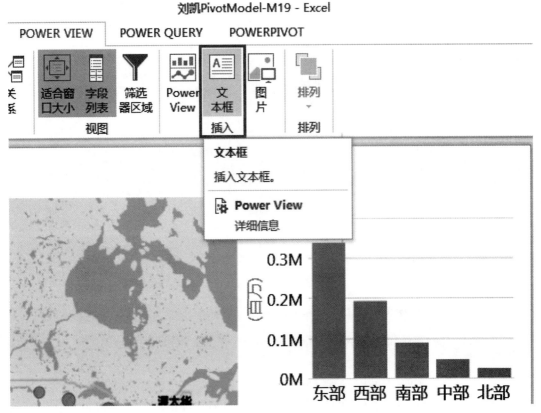

图 5 – 47　将文本框添加至 Power View

Power View 将文本框添加至画布中。吉姆将"按地区的目标达成差异"键入文本框中，并置于图表上方。

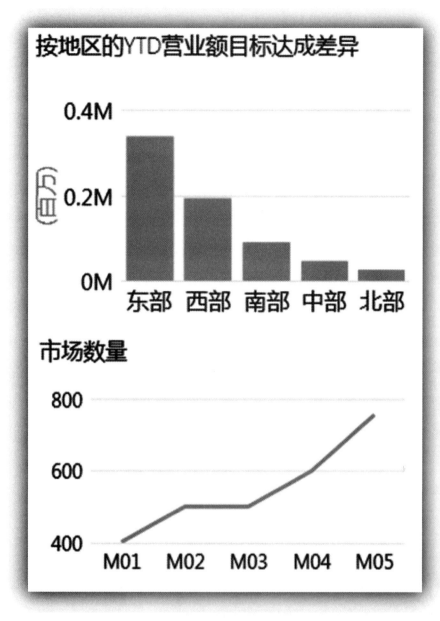

图 5 – 48 为图表加标签

同数据交互

吉姆预计用户将使用 Power View 提供的交互性，通过仅选择工作表上的项目即可筛选数据。因此需要以不同的方式来显示数据，而非更多静态展示。

Power View 提示：Power View 中的交叉筛选

Power View 允许用户轻松展示鲜活的数据。用户可通过简单点击画布上的数据可视化中的数据点来交叉筛选数据，Power View 自动筛选同一画布上的所有其他数据可视化对象。例如，如果单击以下地图上的明尼苏达州，Power View 自动交叉筛选其他两个图表以仅显示出明尼苏达州的数据。

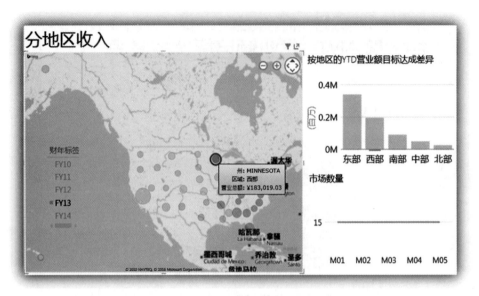

图 5 – 49　交叉筛选单个区域的图表

在条形图中可立即看出同其他地区相比，明尼苏达州是如何脱颖而出的，该州在呈灰色显示的背景中清晰可见。

现在如果点击柱状图上的东部地区，就可以看到其他地区呈灰色显示但仍清晰可见，所以仍然可以很容易地展开比较。地图中也同样：在东部地区的各州都突出显示，而其余各州淡化于背景之中。但图表所示的并非以前的值，而仅显示了所选的东部地区。

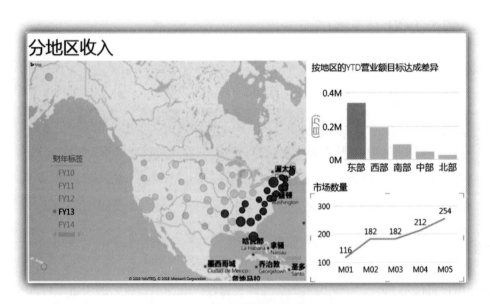

图 5 – 50　用图表选择来突出显示地图

由于允许用户真正地玩转数据，这成为用户最喜欢的重要功能。对于那些使用 Power View 进行演示的用户而言此功能也非常流行。

通过选择图表中的值，并将筛选器添加到筛选区域，演示者无须转至另一份新报告，即可当场回答很多问题。

吉姆希望能看到畅销产品及其收入。他向画布中添加了收入总额和产品名称，并将其中一个表格的可视化类型变更为条形图。他想先展示出最畅销产品，因此对收入总额的排序调整为按降序排列。
这就是对所有产品按收入排序，并将最高收入的产品排在首位。

　　吉姆还希望对产品列表简化，仅显示出那些对销售额贡献最大的产品。他选择图表并确保 Power
View 选项卡上的筛选区域处于可用状态。他希望筛选器仅对该可视化对象起作用，所以他选择筛选区
域中的图表选项卡。他拖动之前所创建的"对全部产品的占比"计算字段，并点击旁边的箭头图标以
便能够筛选特定值。

图 5 – 51　向一个特定的可视化对象添加筛选器

　　选择那些占 2% 以上的产品，来将产品数目筛选至一个更易于管理的子集。接下来，他去除了标题
并增加了数据条。

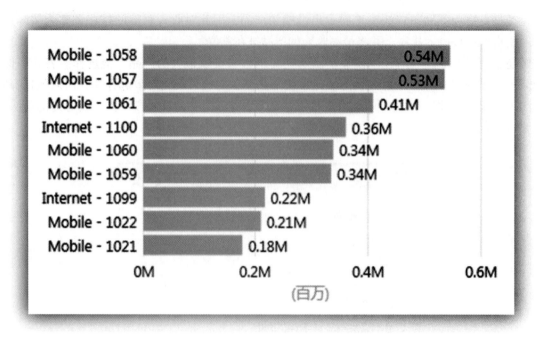

图 5 – 52　对绩效最佳的产品进行数据可视化

采用序列图来对数据进行比较

吉姆想以可视化的方式比较各区域的收入趋势。他首先选择会计月份标签和收入总额，形成一个新的折线图来可视化对象。

Power View 提示：在 Power View 中使用序列图

Power View 中有个称为序列图（又称为 "小又多"）的出色功能，允许对一系列相同类型的图表进行比较。序列图是重复性的小图表，使得更易于同时对多个不同值进行比较。要对这些图表方便地开展比较，Power View 自动对水平轴和垂直轴进行同步。

吉姆想对各地区的收入进行比较，因此将区域拖动到字段区域的垂直序列图当中。

图 5 – 53   字段区域中的垂直序列图

该图标为各个区域都重复显示了图表。

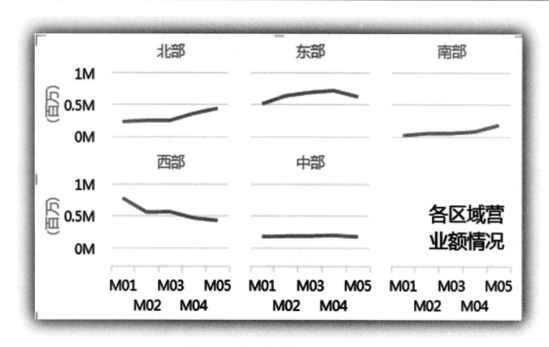

图 5－54　在图表中使用垂直序列图

作为点睛之笔，吉姆向图表中添加了标签，并完成了 Power View 报告。

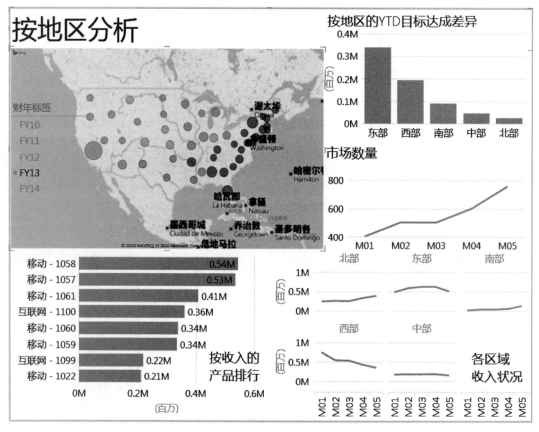

图 5－55　完成后的 Power View 报告

显示 Power View 中的项目列表

在新的 Power View 报告中吉姆要为产品展示出一份详细报告。要插入一份新的 Power View，他选择"插入"选项卡，插入 Power View。然后向 Power View 画布中添加了产品名称和几个计算字段，例如收入总额、目标收入总额、收入的目标达成差异、单位总量以及使用总量，呈现出相当枯燥的按产品名称划分的指标表格。

产品名称	营业总额	目标营业总额	营业额的目标达成差距	单位总量	使用总量
Business Premium...	¥1,191,483.47	¥1,397,120.51	¥-205,637.04	79746850.00	60102276.05
Business Unlimited	¥393,000.63	¥453,845.16	¥-60,844.52	21967050.00	16636706.55
Domestic Unlimited	¥165,830.27	¥191,733.11	¥-25,902.84	9065900.00	6884916.69
Freedom Calling	¥602,250.33	¥700,262.89	¥-98,012.56	123625750.00	93318676.70
Freedom Unlimited	¥616,050.26	¥709,729.84	¥-93,679.59	129405500.00	98083396.47
International...	¥185,737.83	¥216,077.44	¥-30,339.62	10265000.00	7751266.12
Internet - 1039	¥268,431.79	¥316,132.21	¥-47,700.42	26908000.00	19918349.88
Internet - 1040	¥285,405.79	¥334,908.08	¥-49,502.29	28776000.00	21431071.99
Internet - 1041	¥288,955.29	¥337,847.15	¥-48,891.86	143925000.00	107501017.20
Internet - 1042	¥287,241.54	¥337,677.94	¥-50,436.39	143970000.00	107233901.18
Internet - 1043	¥268,610.87	¥313,103.02	¥-44,492.14	26951000.00	20053335.02
Internet - 1044	¥266,745.41	¥311,789.99	¥-45,044.58	26812000.00	19795441.48
Internet - 1045	¥271,460.80	¥318,065.89	¥-46,605.08	135115000.00	100066998.47
Internet - 1046	¥272,144.04	¥319,298.68	¥-47,154.64	135865000.00	100749416.76
Internet - 1050	¥995,661.10	¥1,168,766.06	¥-173,104.96	428180000.00	322842121.68
Internet - 1089	¥375,862.19	¥458,943.39	¥-83,081.20	33645000.00	25336322.66
Internet - 1090	¥401,112.49	¥481,911.85	¥-80,799.36	34636000.00	26116766.80
Internet - 1091	¥407,646.06	¥494,458.10	¥-86,812.04	176130000.00	133029723.93
Internet - 1092	¥425,761.78	¥511,343.89	¥-85,582.10	181030000.00	136030960.76

图 5-56　产品指标表格

吉姆决定将表格转变为卡片视图。此种视图以一种卡片样式（如索引卡片）布局，将表格中每行数据都展示出来。

图 5-57   卡片视图

Power View 提示：Power View 中的图片

　　一种为可视化对象增值的出色方式是包含图像。这将使得可视化更加友好且易于识别。例如可使用国家、产品或员工的图片。

　　当要使用 Power View 中的图像时，您可能需要同 IT 部门协作来将图片载入 Power View 中，这是因为将图片转变为合适的格式可能很困难。欲了解更多信息，请参阅http：//ppiv-ot. us/yYnYF。

卡片视图以视觉化和明细方式来显示产品。要使该视图真正工作，应尽可能对结果进行筛选。吉姆要筛选该列表以仅显示当前财年的产品，所以他打开筛选区域，并将当前财年添加到表格筛选器。

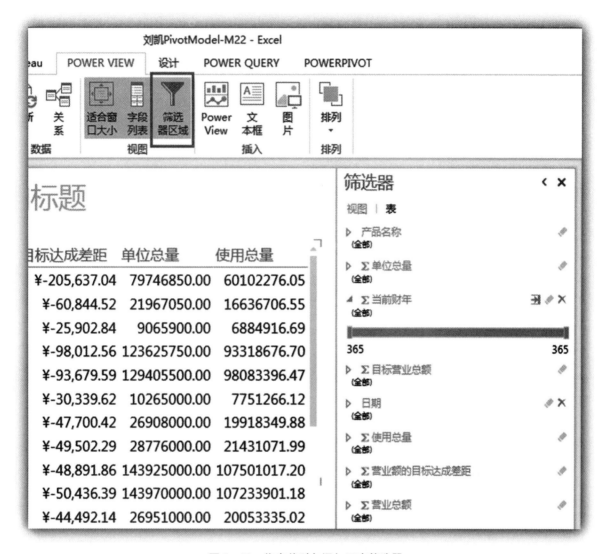

图 5 – 58　将当前财年添加至表筛选器

　　不幸的是，该字段并未如吉姆所期望的起作用。当想要将值设置为 1 时却显示出数值 365。注意到由于该字段前面有个"西格玛"符号，Power View 误认为是个待汇总字段，因此所设置的 365 意味着对全年中的每一天都汇总。吉姆清楚地知道如何阻止 Power View 这么做。他打开 Power Pivot 窗口，并选择"当前财年"列，然后选择"高级"、"汇总方式"、"不汇总"。

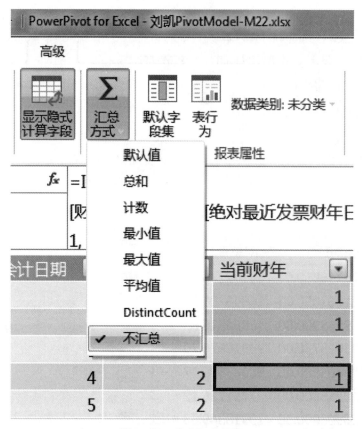

图 5 – 59　改变汇总行为

当吉姆返回 Power View 工作表时，他注意到了西格玛符号从字段列表中消失了，而现在选择时筛选器显示出 0 和 1。

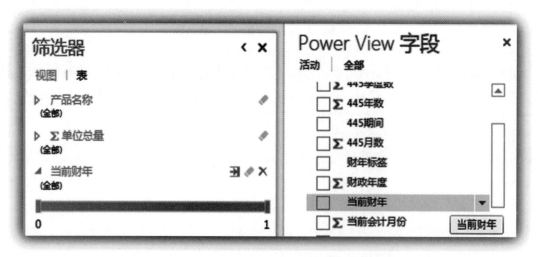

图 5 – 60　改变汇总方式对字段列表产生了影响

吉姆为筛选卡片视图选择 1，以仅显示当前财年的计算字段值。

Power View 提示：Power View 的报表属性

　　Power View 轻松快速地从任何数据中创建可视化对象。当使用 Power View 中的字段或表格时，用户可以对默认聚合体验进行改善或变更。例如当在字段列表中进行选择时，可以更改某个字段所使用的默认聚合函数，当选择一个表格时，使用何种字段列表，或者如何对某些字段分组。

　　在日常 Power View 使用中，你可能无须使用这些设置，但在吉姆遇到的个别情况中，知道这些设置的存在可能会为您节省几个小时。

　　对于报表属性及其用法的扩展列表，请参阅此帮助主题：http：//ppivot. us/Ufs2W。

吉姆要展示当前财年的逐月收入和目标收入，并希望能并排呈现。他向一个新的可视化对象添加收入总额和目标收入总额。接着他向可视化对象添加财年标签，以避免对月份进行计算。然后他添加了表格筛选器，并仅筛选当前财年。

吉姆将可视化对象从表格变更为簇状柱形图，将图例移到底部，并关闭标题。他现在可对本年度所有月份的结果进行比较，并按月份筛选卡片视图中的产品。

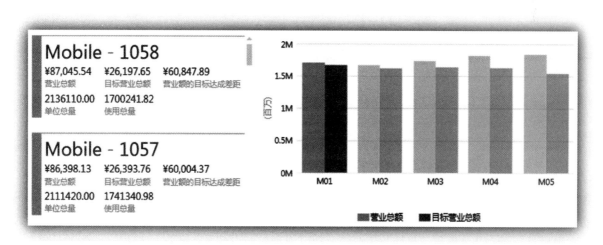

图 5-61　按月份交叉筛选的结果

随时间推移对计算之间关系的可视化

　　吉姆想向报告中添加最后一个可视化对象，以允许用户查看产品，并随时间推移来查看每个值，并对各数值进行比较。他先将产品名称、收入总额和单位总量添加到画布上，然后将可视化对象变更为散点图。

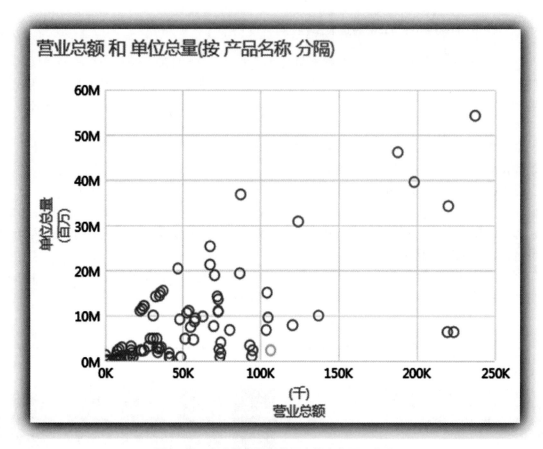

图 5-62　每个散点图都从两个维度来展示产品

　　Power View 按 x 轴上的收入总额和 y 轴上的单位总量为每个产品显示了一个圆点。右上角的产品是那些单位量多，且收入占比高的产品。值得关注的是，下方是那些产生了收入相当但所售单位较少的产品。这种产品的矩阵分组显示非常有意义。

　　吉姆想为每个产品突出显示目标收入总额。他可通过向散点图的大小区域添加一个新的计算字段，将散点图转换为气泡图。现在该计算字段决定了每个产品气泡的大小。吉姆可立即发现他之前所观察到的产品实际上表现得非常出色，并实现超额收入。

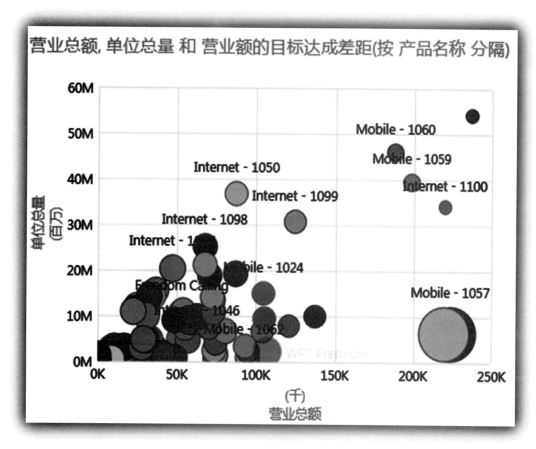

图 5 – 63 将散点图制作成气泡图

现在吉姆想让该图表随时间显示出变化。他向字段区域的播放轴区域添加了日期。

图 5 – 64　散点/气泡图字段提供了多项选择

吉姆现在可播放随时间推移的可视化对象，并跟踪产品变化趋势。

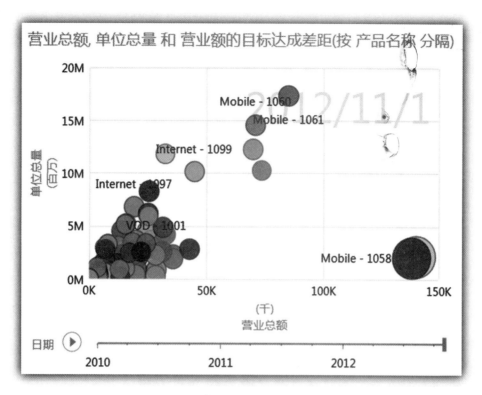

图 5-65　带有播放轴的散点/气泡图

只需选择图表上气泡之一即可看到每个气泡随着时间推移的变化趋势，这正是为何 Power View 散点/气泡图被称为吉姆最钟爱的特点。通过这种方式可以很容易地看到随时间推移的趋势并对画布上的所有其他图表交叉筛选。吉姆现在掌握了他长期以来所期待的报告交互性。

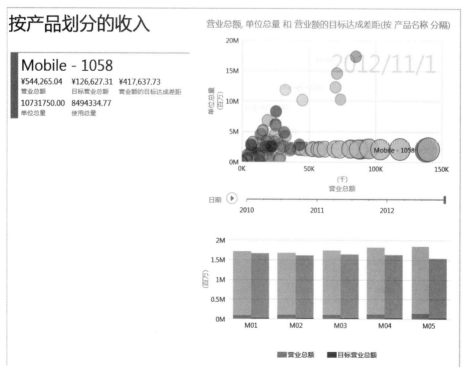

图 5-66　显示随时间推移的气泡图

　　吉姆去除了图表标题。他注意到需要为 Power View 的两张工作表赋予适当的名字。他将当前工作表命名为"按产品划分的收入"，将另一个工作表命名为"按区域划分的收入"。最终吉姆得到了一份带有配套报告的仪表板。他对仪表板首个版本感到由衷的高兴。

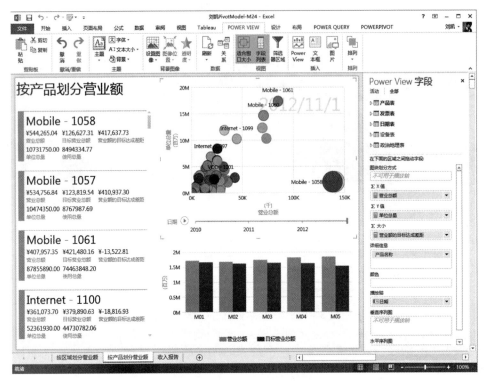

图 5 – 67　　吉姆的工作簿终稿

　　现在吉姆想与同事和公司的其他利益相关者分享该仪表板。他决定利用公司的协作平台 SharePoint来实现。

6

在组织中共享仪表板和报告

通常，创建仪表板或报表的目标是与他人共享，并从所信息共享中获取见解力。在与他人共享工作簿时，微软给出了一些方法：

- **将其置于网络上或通过电子邮件发送**。这是传统上与他人共享数据的方式，但有些缺陷，在使用 Power Pivot 时尤其明显。Power Pivot 可以处理大量数据，所以文件可能相当大。这使得通过网络或电子邮件来打开很困难。另一项缺陷在于，由于需要在本地电脑上访问 Excel，并非每个人都能打开 Power Pivot 工作表。幸运的是，大多数组织和个人都安装有 Excel。当使用 Excel 2010 时，需要安装 Power Pivot 之后才能打开该文件，然而并非每个人都已安装 Power Pivot。Excel 2013 并不存在此方面的问题，这是因为所有 Excel 版本都配备 Power Pivot 引擎。不过正如我们在第 1 章中所见，并非所有 Excel 2013 版本都允许使用 Power Pivot 报告。

- **在 SharePoint 中共享**。许多大型企业都安装了微软 SharePoint。SharePoint 是个微软协作平台，提供了一个用来保存、整理、共享信息的安全位置，并几乎可使用任何设备来访问。唯一要求必备的是网页浏览器。当 SharePoint 设置恰当时，可以处理 Power Pivot 工作簿，这意味着仅需将工作簿共享到 SharePoint 一次，就可让其他人通过 Web 浏览器使用报告，而无须下载工作簿或在本机上配备 Excel。另一方面的好处在于，甚至无须在 Excel 中打开该工作簿，作者就可以自动对工作簿中的数据刷新。

    有两本 Power Pivot for SharePoint 方面的图书是很好的资源：Harinath，Pihlgren 和 Lee 的 *Professional MicrosoftPower Pivot for Excel and SharePoint*（见http：//ppivot. us/FAVnb）和 Warren，Teixeira Neto，Misner，Sanders，Helmers 的 *Business Intelligence in Microsoft SharePoint* 2013（见http：//ppivot. us/fvEv5）。

在 Office 365 和 Power BI 中共享。无须在本机或网络中安装并维护 SharePoint 所需的资源，Office 365 和 Power BI 就能提供全部 SharePoint 功能。在对数据可视化时，Power BI 提供了全新且激动人心的方式，来共享发现并以全新直观的方式进行协作。Microsoft 提供 Power BI 服务，确保在需要时运行并升级功能。无须用户在本地更新软件，微软即可不断向服务中新增功能。

接下来两节讨论使用 SharePoint 和带有 Power BI 的 Office 365 来共享工作簿。很多情况下你可能会访问其中之一。

在 SharePoint 2013/2010 中共享

吉姆已完成报告并准备与同事和经理们分享。他打开网页浏览器并浏览 SharePoint 上的 Contoso 财务团队网站，该网站是通过使用 Power Pivot 图库建立起来的。

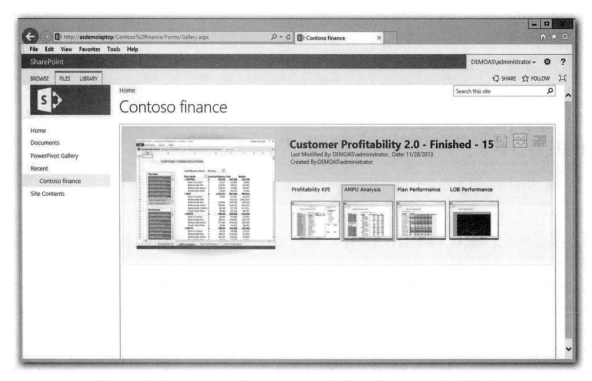

图 6－1　使用 SharePoint 上的 Power Pivot 图库所建立的 Contoso 财务团队网站

SharePoint 提示：Power Pivot 图库

　　Power Pivot 图库允许用户以特定方式查看包含 Power Pivot 模型的工作簿。只有当已经建立 SharePoint 并处理 Power Pivot 工作簿时，Power Pivot 图库才可用。欲了解更多信息，请参阅此帮助主题：http：//ppivot. us/hnmlJ。

　　该网站已经保存了一份吉姆以前用来计算 Contoso 通信公司客户营利性的工作簿。现在吉姆将新的仪表板工作簿添加到 SharePoint 网站并选择文件，上传文件。

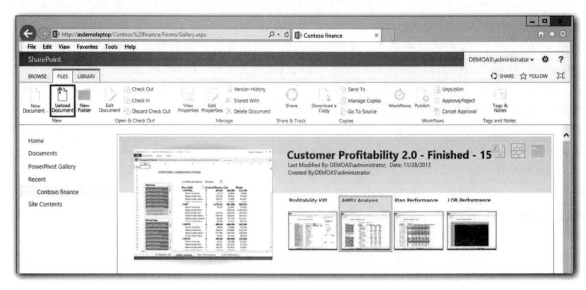

图 6－2　上传文件

接下来，吉姆选择本机上的工作簿并上传至网站。最初工作簿处于临时状态，以缩略图来表示。

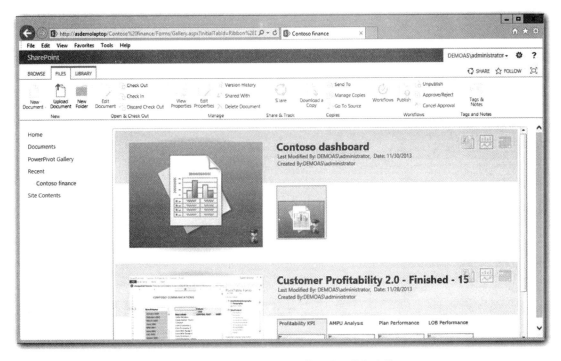

图 6 – 3　添加到网站上不带缩略图的新文件

一分钟后，缩略图才开始出现，表明已完成该工作簿的加载和处理。

基于已上传工作簿中的工作表，这些缩略图显示出电子表格中实际数据的屏幕截图。

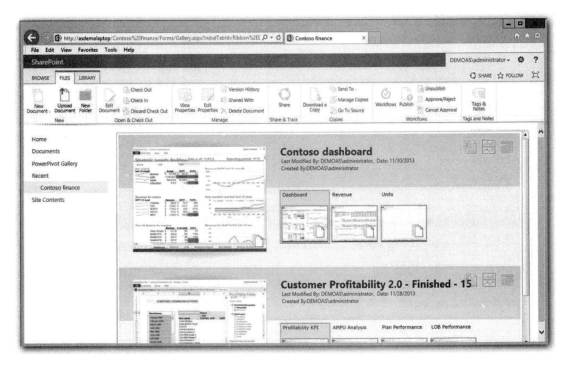

图 6 – 4　显示出实时缩略图

吉姆点击缩略图，并打开 Web 浏览器中的工作簿。

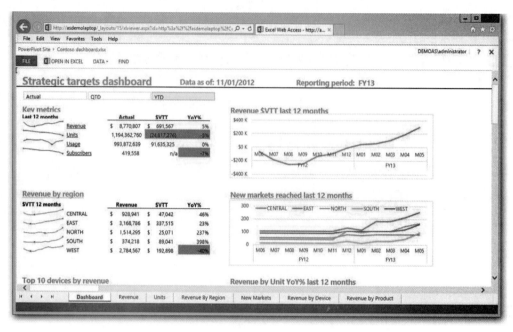

图 6－5　在浏览器中打开工作簿

吉姆在浏览器中使用相同的切片器和交互性体验，与在桌面电脑时所用的毫无二致。他可在工作表间切换，而且在网络浏览器当中显示了 Power View 工作表以供浏览。

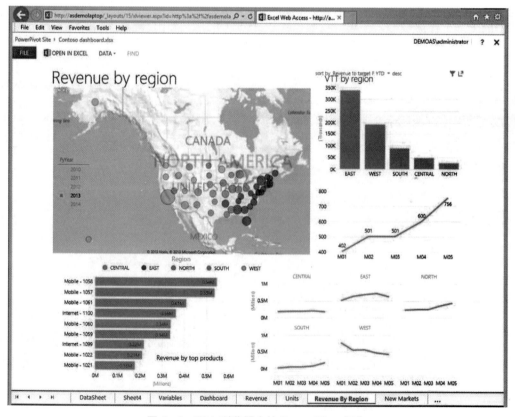

图 6－6　Web 浏览器中的 Power View 报告

任何访问此工作簿的人，甚至无须在电脑中安装 Excel，都可以查看报告并使用浏览器进行交互。

在允许用户访问工作簿之前，吉姆希望确保每个人都能看到最新数据，且希望此工作簿中的数据每周都能刷新。共享该工作簿到 SharePoint 中使得他无须下载并更新桌面中的工作簿，就可设置数据刷新时间表。

吉姆又回到网页，点击仪表板管理数据刷新图标。

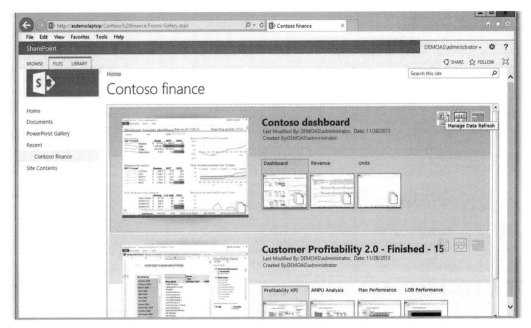

图 6 - 7 管理数据刷新

在打开的管理数据刷新页面，吉姆选择数据刷新复选框。这样就能选择时间表。吉姆希望每个星期天刷新一次工作簿，所以上周的数据将于下周一添加到工作簿当中。为了确保工作正常，他选中"尽快刷新"复选框以立即运行刷新。

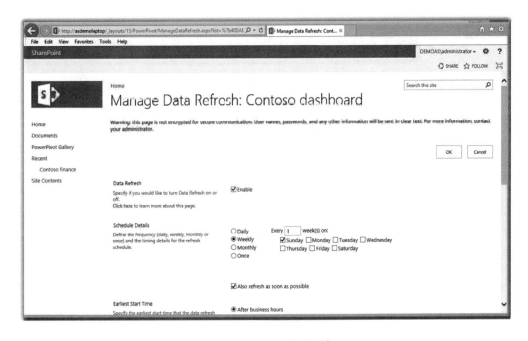

图 6 - 8 设置刷新时间表

吉姆想在数据刷新时收到一封电子邮件，因此将电子邮件地址添加到通知列表中。

请记住，吉姆将特定列添加至日期表中，以确保仪表板上的筛选器会自动更新以显示当前日期——无须吉姆变更即可自动更新。

接下来，吉姆建立了用于数据刷新的凭据。从经验中可知，这可以说是相当棘手。吉姆将来自网络中的 Access 文件导入 Power Pivot。吉姆需要输入自己的凭据，以便将 SharePoints 上的工作簿同网络中的 Access 文件连接到一起。

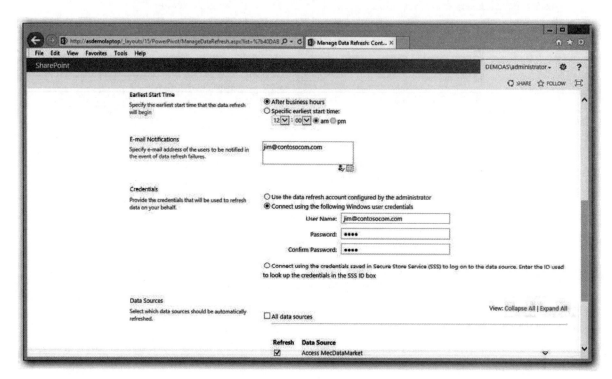

图 6-9　添加通知和安全性

SharePoint 提示：刷新来自 SharePoint 中的数据

当刷新来自 SharePoint 的数据时，请确保 SharePoint 机器可以访问 Power Pivot 工作簿中的数据。通常这并非数据库的问题，但当使用文件（如 CSV 或 Access 文件）时，可能会导致问题。当使用文件时，将其移动到网络共享或云中的安全位置。这些地方往往可随心所欲地访问。欲了解更多详细信息，请参阅此帮助文章：http：//ppivot. us/flDqa。

请记住，当使用 Excel 2013 和 Power View 报告时，数据刷新不起作用。你必须从工作簿中将 Power View 工作表去除，以便进行刷新工作。欲了解更多信息，请参阅此帮助主题：http：//ppivot. us/PnH5n。

吉姆要刷新整个工作簿，所以无须更新数据源设置。吉姆最后单击确定来应用时间表。

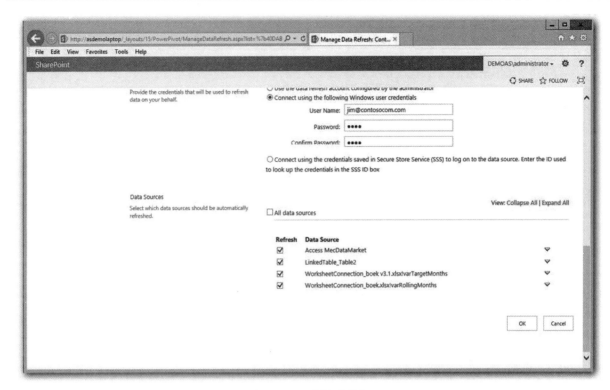

图 6-10 应用时间表

在应用时间表后，刷新首次运行。要查看刷新是否成功，吉姆点击 SharePoint 网站中的管理数据刷新图标。在刷新页面历史中，吉姆看到刷新失败。

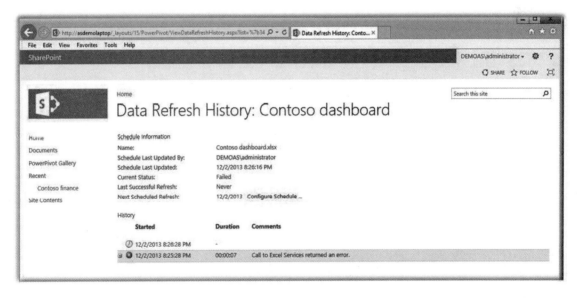

图 6-11 查看刷新历史记录

吉姆对时间表设置进行了更新，并确保 SharePoint 站点可以访问文档。尝试再次刷新后可以看到该刷新成功了。

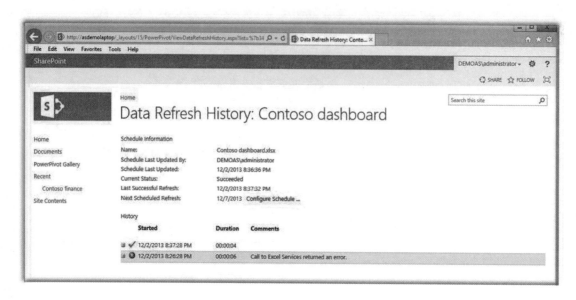

图 6 – 12　成功刷新

SharePoint 提示：处理刷新问题

有时可能很难弄清楚为何刷新不起作用。看到的历史错误信息并不明确。当在 Web 应用程序中打开 Excel 工作簿时，单击刷新，Excel 尝试刷新来自数据源工作簿中的数据。如果刷新过程中出现错误，在这里就可找到比数据刷新历史记录页面中更多刷新问题的详情。

有关解决刷新问题的更多信息，请参阅 Denny Lee 的本博客文章：http：//ppivot. us/f22cH。吉姆想和经理及同事共享刚刚刷新后的工作簿。他选择该文档，然后选择"文件"、"共享"。

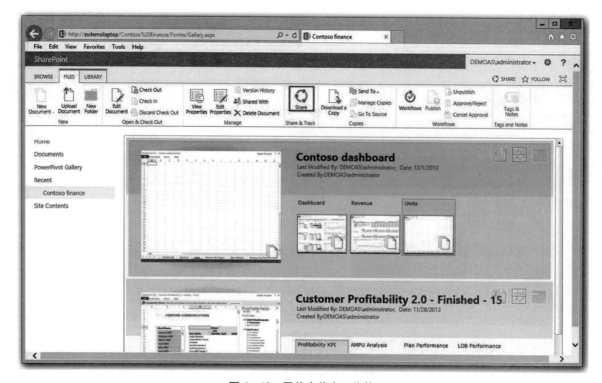

图 6 –13　同他人共享工作簿

在共享"Contoso 仪表板"窗口出现后,吉姆将选中团队,然后单击"允许编辑"。就可以对团队成员进行修改并更新刷新时间表。对于需要使用该工作簿的其他人,吉姆选择"允许查看",以允许使用工作簿但不得进行任何更改。

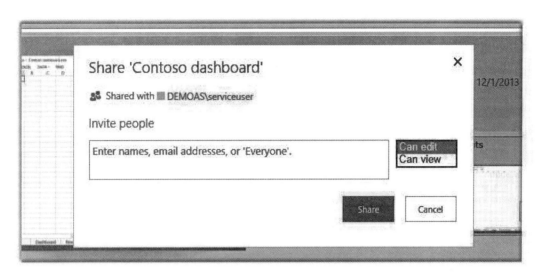

图 6 – 14　确定可共享工作簿的用户名

SharePoint 提示:保护工作簿

在 SharePoint 中,工作簿仅对那些访问网站或工作簿的人而言是可用的。未访问文件的人将无法找到或看到 SharePoint 文件,甚至无法看到缩略图。

如果想查看都哪些人曾经访问过该文件,请选择该工作簿,到文件,然后单击"同……共享"。然后就看到曾经访问工作簿的用户列表。这是测试用户访问级别的好办法。安全胜于遗憾!

那些获得吉姆允许访问工作簿的用户也可使用工作簿中的 Power Pivot 模型,作为新报告的数据源。通过使用"打开新的 Excel 工作簿"以及来自 Power Pivot 图库工作簿的"创建新的 Power View 报表"图标,用户就可以像连接独立数据源一样连接到该工作簿。

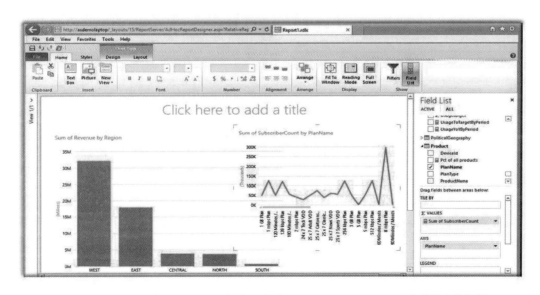

图 6 – 15　一份新的 Power View 报告,使用 Power Pivot for Excel 工作簿作为数据源

在 Office 365 和 Power BI 中共享

Contoso 通信公司正在考虑将协作平台转移到微软 Office 365。管理层认为在云计算中使用 Share-Point 能节约资源和金钱，因为 Contoso 通信公司不必维护、保养自有服务器并打补丁。

作为 Contoso 通信公司的试点项目，吉姆正用仪表板和报告来试用 Office 365 和 Power BI。他注册了该服务预览。见http：//ppivot. us/5q1Yq。

在创建账户后，吉姆登录到 Office 365，并自动在 SharePoint 在线网站中打开。他上传测试工作簿到站点以测试是否起作用，然后发现工作正常。

图 6 - 16　Office 365 中的 SharePoint 在线

吉姆可以上传多个工作簿，并与同事共享。然而，在 SharePoint 在线网站默认情况下不启用特定 BI 功能。

Power BI 提示：认识 Power BI

微软 Power BI 提供了新的和令人兴奋的数据处理方式。Power BI 是一个 Office 365 加载项。启用后可在 Excel 内部和 SharePoint 在线中提供一组 BI 能力。

在 Excel 内部，Power BI 提供了一组工具集并用多种方式处理数据：

● 数据发现和访问。Power Query 是 Power BI 中的一颗瑰宝，通过对组织内外部数据使用搜索能力，来允许用户发现相关数据。它允许用户从多个不同的数据源（包括一些以前不可能通过 Excel 访问的数据源，像 Hadoop 和 HDFS）来访问数据。它也提升了已支持数据源的导入体验，如文本文件、Access 和 Microsoft SQL Server。Power Query 允许从多个不同数据源来组合并组织数据。它提供了一些很棒的表格修整转换功能，包括合并和追加多个单独的表格，筛选数据，使用分隔符和字符来拆分列，逆透视数据。您可以使用 Excel 数据模型或者 Excel 表格中组织好的数据。

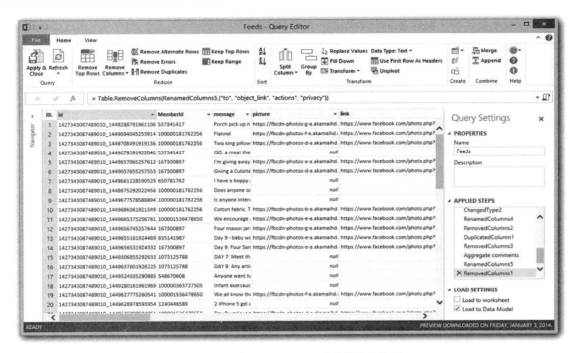

图6-17　在 Power Query 中修整转换数据

● 数据建模。在通过 Power Query 导入数据之后，Power BI 允许在 Power Pivot 中对数据建模，你可以优化并进行可视化。例如可以创建表之间的关系，以便轻松将数据透视表、数据透视图或 Power View 中的表格联接到一起。建立整本书中所覆盖的模型。

● 数据可视化。Power BI 允许通过 Power View for Excel（见第5章）进行数据可视化。Power BI 还提供了一个很棒的 Excel 3D 可视化插件，称为 Power Map，来可视化、探索，并与地理数据交互。

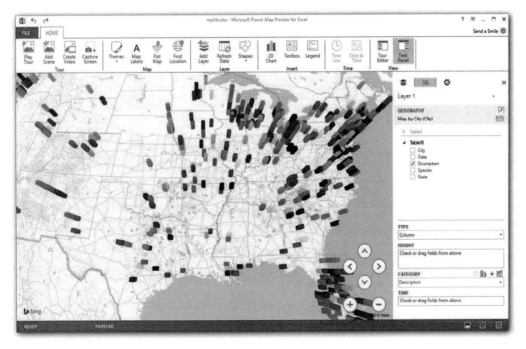

图6-18　带有 Power Map 的可视化数据

　　Microsoft Power BI 还提供了商务智能基础设施，将 Excel 工作簿共享、在线协作，以及 IT 基础设施汇集到 Office 365 当中。

　　使用 SharePoint 在线，Power BI 允许你创建 BI 网站，这意味着可将任何 SharePoint 在线网站转换成为一个更强大的、动态的平台，供分享和发现 Excel 工作簿，提供量身定制的 BI 可视化和交互式视图。Power BI 站点还提供了易于访问的 Power BI for Office 365 中可用的其他 BI 功能，有关 BI 站点更多内容，请见http：//ppivot. us/arcxm。

　　在写这篇文章时，Power BI 服务只是作为一个公共预览。当微软将其作为一项服务正式发布时，微软会照顾客户的最大承受力：这将保障当有需要时，启动 Power BI 服务并运行，无须用户在本地更新软件即可确保其性能并不断增加新功能。当读到本章时，微软将推出作为有偿服务 Power BI，并且可能意味着本章这部分已经过时或流程与这里描述的有些不一样。

启用 Power BI

在吉姆登录到 Office 365 之后，他需要在 Office 365 SharePoint 在线网站中启用 Power BI。

他登录过 Power BI 预览，因此知道这对他而言是适用的。吉姆点击网站内容（Site Contents）。

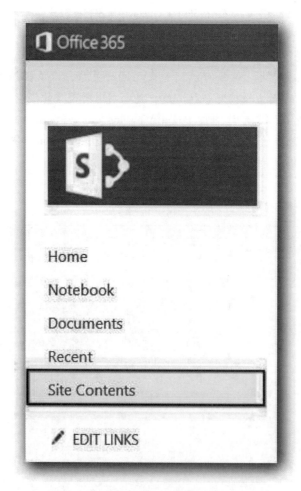

图 6－19　通过选择网站内容更改站点设置

然后吉姆想添加 Power BI 应用程序，所以他点击添加应用程序（Add an App）。

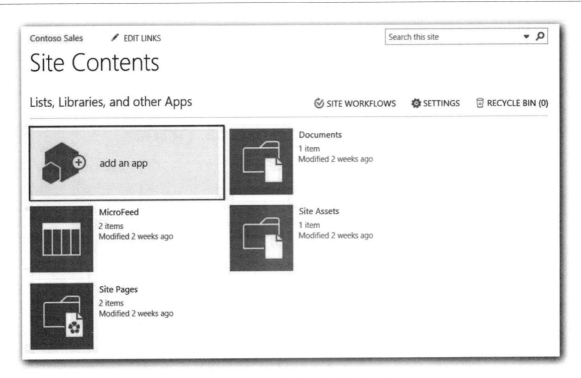

图 6 – 20　向网站添加一个应用（App）

接下来，吉姆选择 Power BI 应用程序并将其添加到该网站。

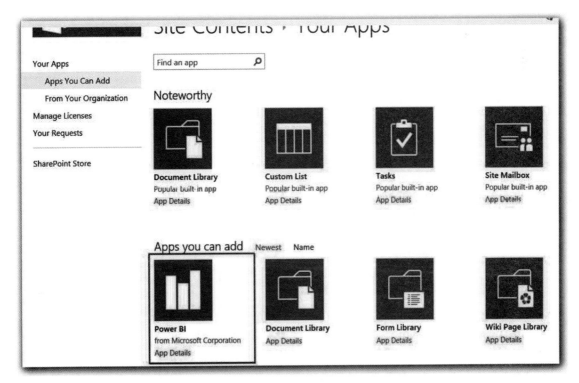

图 6 – 21　选择 Power BI

吉姆选择信任该应用程序，并将其添加到该网站。安装过程需要一点时间。完成之后，吉姆又回到网站，看到菜单中的 Power BI。

图 6－22　Power BI 启用

单击 Power BI 后，吉姆看到欢迎页面，在那里他点击使用自有数据来将自由工作簿添加到 Power BI 中。

图 6－23　Power BI 欢迎页面

Power BI 提示：Power BI 网站

　　Power BI 站点将您的 SharePoint 网站转换成更加优化后的 BI 网站，而非普通 SharePoint 网站。它显示了依 BI 量身定制的可视化，交互式地查看文档。Power BI 网站还简化了对 Power BI for Office 365 中可用的其他 BI 功能的访问。重要的是要明白，所有 SharePoint 文档库中的全部文件都在 BI 网站中得以复制，这为用户提供了不同的工作簿视图，还可访问如数据刷新等特定 BI 功能。

吉姆现在可以看到 Power BI 网站。

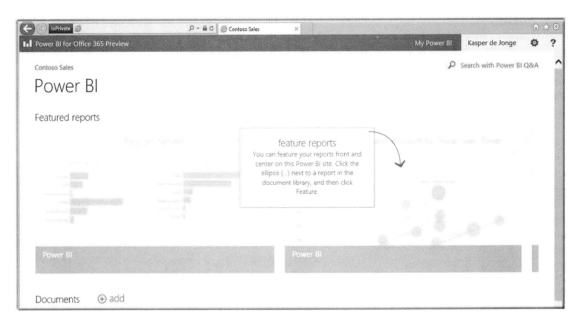

图 6 - 24　Power BI 网站的主要页面

上传并启用工作簿

通过单击添加并选择上传文件，吉姆将仪表板工作簿上传至 Power BI 网站中。

图 6 - 25　上传文件

片刻之后，Power BI 站点中显示出吉姆工作簿中的缩略图。

图 6 – 26　工作簿预览

吉姆点击缩略图来打开 Power BI 中的报告，报告看起来完全如同在 SharePoint 软件中部署的一样。

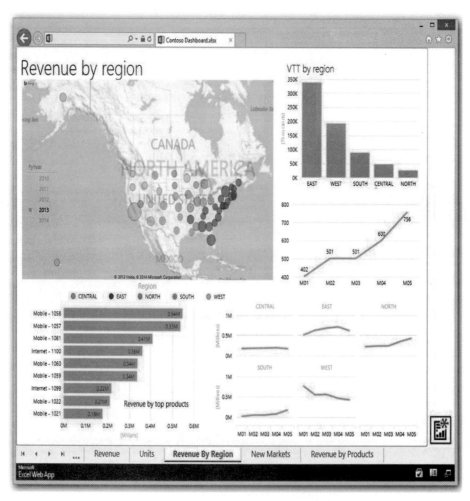

图 6 – 27　打开 **Power BI** 工作簿

现在吉姆的同事并没有 Excel 2013 最新版本，但如果订阅了 Office 365 Power BI 许可，无须安装 Excel 也能使用该网站和报告。

Power BI 提示：Power View HTML 5 预览

点击图 6 – 27 中所示的窗口右下图标，以 HTML 5 而非 Silverlight 载入任何 Power View 工作表。这使得跨多个平台和设备的互动体验更流畅。在写这篇文章时，该功能还是个预览功能，但将来 Power View 软件的 HTML5 版本将完全取代 Silverlight 版本。

从 Power BI 网站中设置工作簿

吉姆已经确定其仪表板工作簿可用，而且要推广工作簿，以便访问 Power BI 站点的每个人都能看到。要实现这一点，吉姆需要将工作簿制定为特色报表以便显示于 Power BI 网站的顶部（Power BI 每次可以有三种工作簿）。吉姆单击 Contoso 通信公司仪表板工作簿旁边的省略号（...）并选择添加到特色报表以在 Power BI 网站中设置一个工作簿。

图 6 – 28　特色一个工作簿

现在 Power BI 网站页面顶部右侧显示了仪表板工作簿。

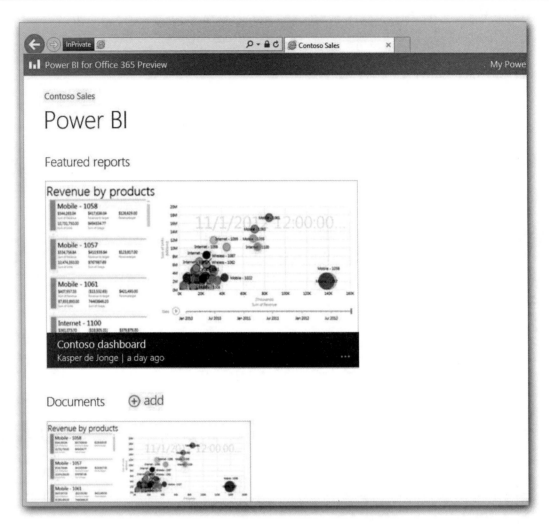

图6–29　BI Power 站点特色的仪表板工作簿

刷新数据

吉姆希望确保既使工作簿上传到 Office 365，仪表板中的数据也要更新至最新状态，因此他点击 Contoso 通信公司仪表板工作簿旁边的省略号（…）并再次选择"设定数据刷新时间表"。

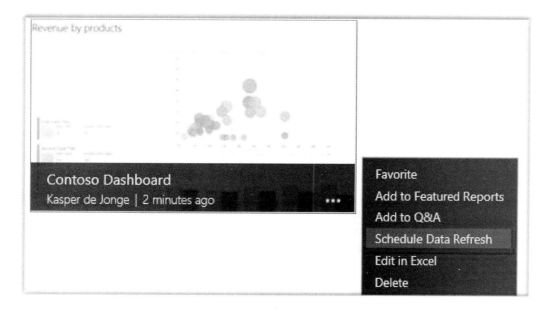

图 6 – 30 定期刷新工作簿数据

时间表页面出现了，吉姆通过移动滑块来调整时间表。

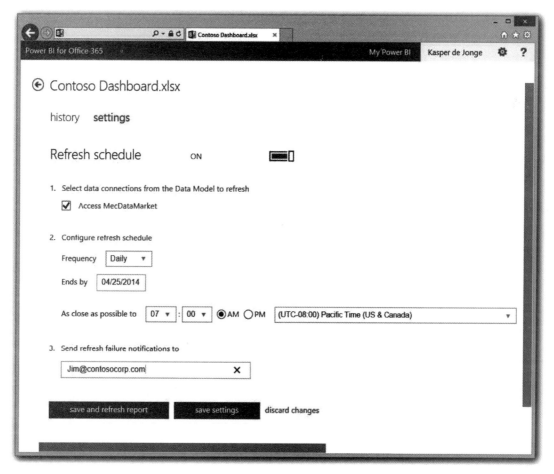

图 6 – 31 改变数据刷新时间表

　　吉姆现在可以设置数据刷新时间表。在此种情况下，他将保持设置不变，点击"保存"并刷新报表。这些数据现在每日尽量于早上 7 点左右刷新（太平洋时间）。

Power BI 提示：数据刷新如何起作用？

　　要让数据刷新起作用，您（或您的 IT 部门）需要设置数据源。对于从 Office 365 载入数据到本地网络网关的数据源需要安装到本地网络内的一台机器上。现在，当 Power BI 刷新数据时，会查找已注册的任何数据源，并使用匹配算法，来同带有门户上已注册数据源工作簿中的数据源相匹配。当找到合适的数据源后，使用连接以使用安装到本地网络上的网关来刷新数据。

　　为了让 Power BI 刷新来自吉姆机器上访问文件的工作簿数据，他需要建立一个数据源和网关。要做到这一点，吉姆选择我的 Power BI，Power BI 管理中心。

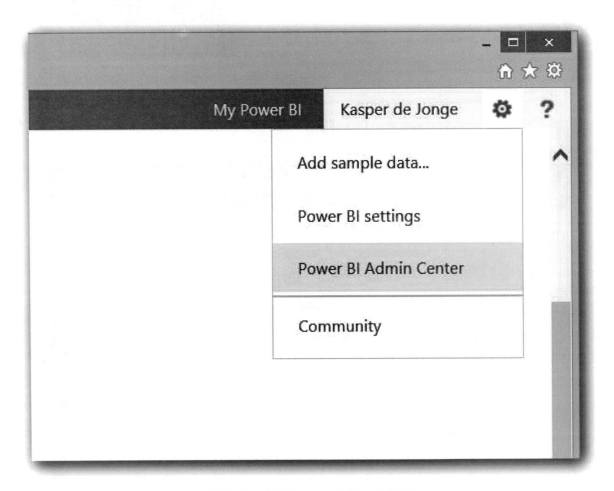

图 6 - 32　打开 Power BI 管理中心页面

　　为了让吉姆从本地计算机加载数据，他需要建立一个网关，以让他点击 Power BI 管理中心页面左侧的网关。

图 6 - 33 添加一个新网关

在页面右侧，吉姆现在看到安装 Contoso 通信公司网关的列表。当然，在这种情况下，目前尚且没有，所以吉姆点击新建网关来设置工作电脑上的网关。新网关页面出现，吉姆为网关增加包括网关名称在内的详情。

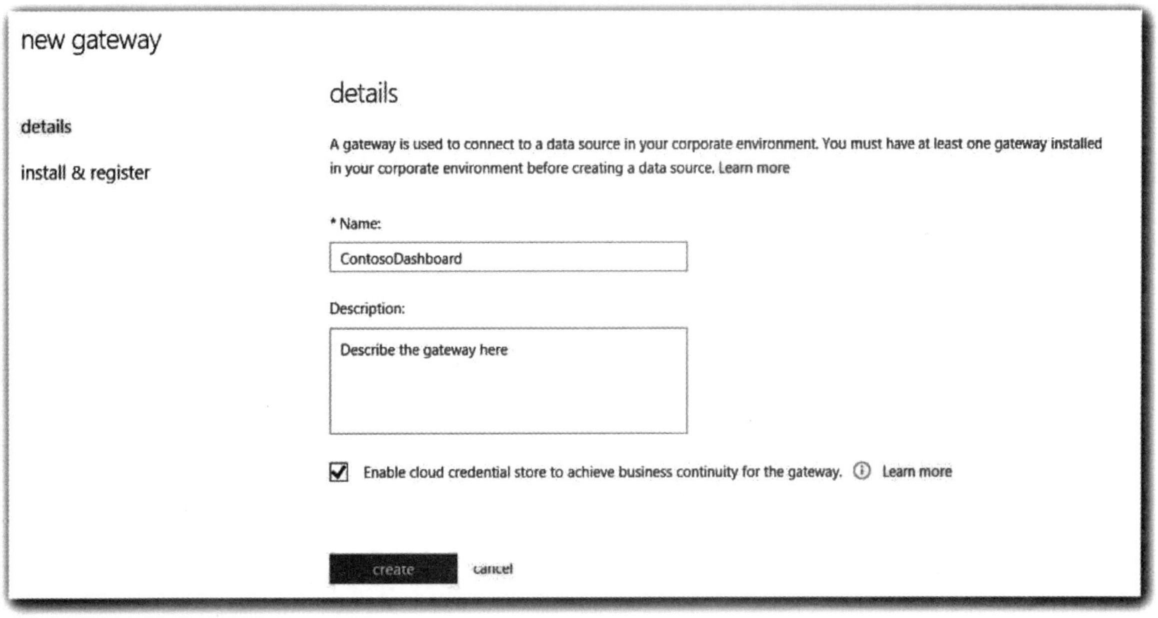

new gateway

details

A gateway is used to connect to a data source in your corporate environment. You must have at least one gateway installed in your corporate environment before creating a data source. Learn more

* Name:

ContosoDashboard

Description:

Describe the gateway here

☑ Enable cloud credential store to achieve business continuity for the gateway. ⓘ Learn more

create   cancel

图 6 - 34 设置网关

吉姆选择复选框"启用云凭证存储来实现网关的业务连续性"。由于凭证是安全地存储于云端，并且能通过已安装的其中一个网关来访问，这意味着可以稍后在其他机器上安装网关而不会失去凭证。吉姆点击新建来创建网关，并得到一个网页，允许在电脑上安装网关。

图 6 - 35　安装并注册网关

　　在同一页面，吉姆选择"网关序列码框"中的序列码，并通过"Ctrl + C"进行复制。然后，他点击下载来打开一个新窗口来下载网关。吉姆下载网关到本地机器并关闭窗口。

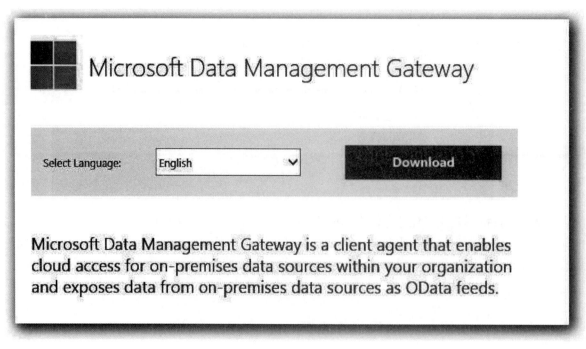

图 6 - 36　下载网关

他在网关安装页面选择完成，这样就完成了网关注册，而且新网关页面再次出现，此时显示出已添加了新的网关，但仍然需要进行注册。

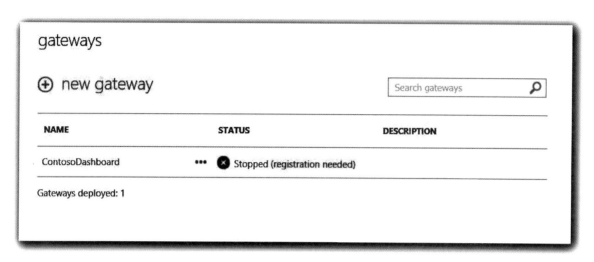

图 6 - 37　已经添加了网关，并需要进行注册

在下载网关工具后，吉姆将其安装并托管于本地计算机上。当完成安装后，该工具开始运行。在吉姆可以做其他事情之前，他需要在他刚才复制（CTRL + V）的网关密钥中通过粘贴并点击注册，来注册自己的网关。

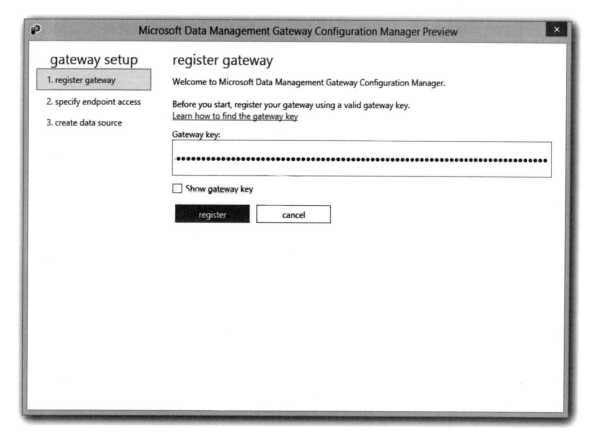

图 6 - 38　配置网关工具

在接下来的页面中，他选择 HTTP，并点击"注册"，完成网关设置。

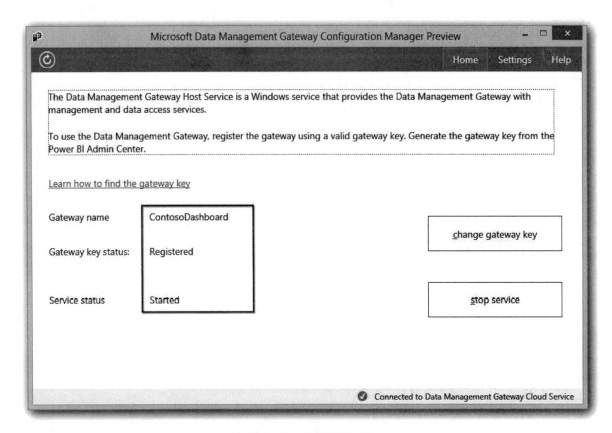

图 6 – 39　配置管理工具

吉姆现在又回到了"新门户"页面，这里可看到网关的当前配置。

图 6 – 40　配置好的网关

吉姆现在想创建一个数据源，所以到 Power BI 管理中心页面并点击左侧的"数据源"。然后看到右侧显示了全部数据源的列表（目前为空）。

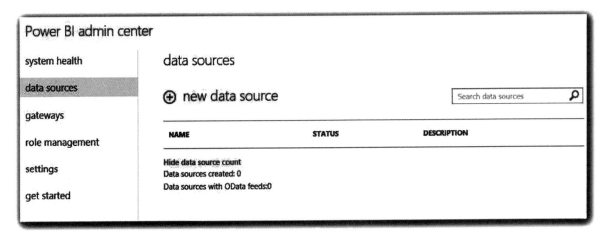

图 6-41   数据源列表

吉姆单击"新建数据源",以便配置新的数据源。

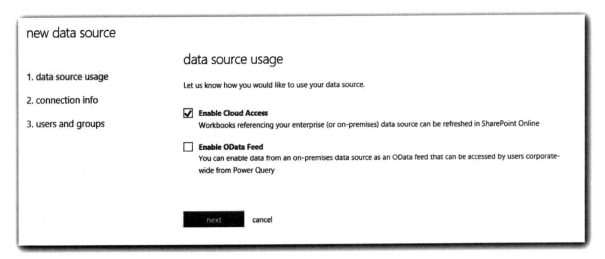

图 6-42   创建一个新数据源

他保持设置不变,并单击"下一步"。连接信息选项卡出现了,吉姆输入连接数据源所需的信息。

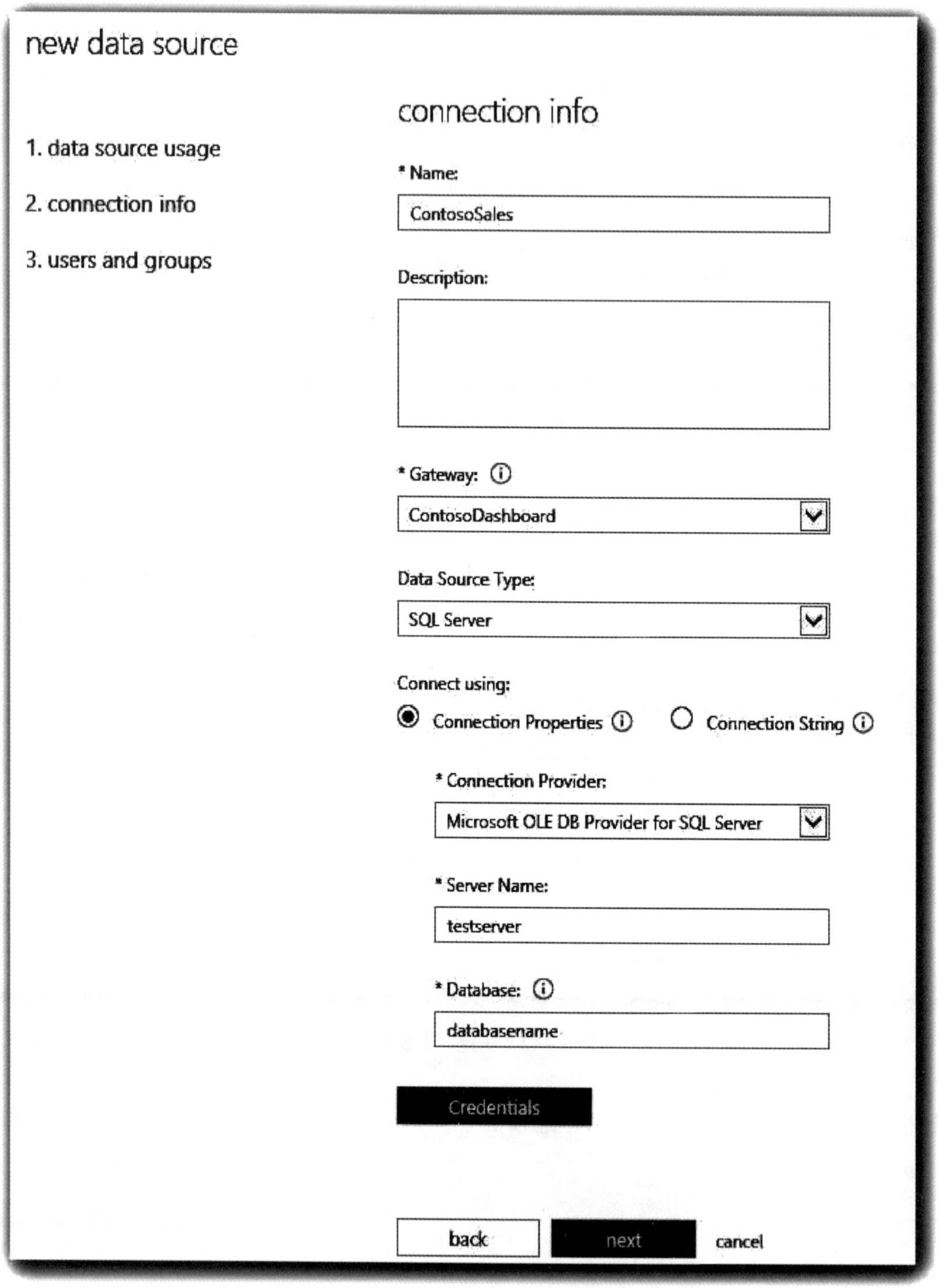

图 6 - 43　添加数据源连接信息

Power Pivot 提示：内部部署数据源的数据刷新

最初，Power BI 对内部部署数据的刷新将支持一组有限的数据源：SQL Server，Oracle 和 Windows Azure。在后续更新的服务中，将添加更多源。在写这篇文章时，图 6 - 42 所示的刷新 Access 文件的场景尚不起作用，但预计很快会起作用。

有关数据源的最新信息，请参阅此帮助主题：http：//ppivot. us/3Y1qw。

　　接下来，吉姆点击图6-43中的凭据来打开电脑中的一个特殊应用程序。该程序将存储他向网关数据源上（而非在Office 365中）添加的凭据。当输入凭据完成后，吉姆单击"确定"。

图6-44　向本地计算机的应用程序中添加凭据

　　吉姆点击"新的数据源"页面左侧的"用户和用户组"，这样就可指定哪些用户和组可使用该数据源。吉姆添加了"EveryOne"（所有人），这意味着全部可以登录到Power BI网站的用户。

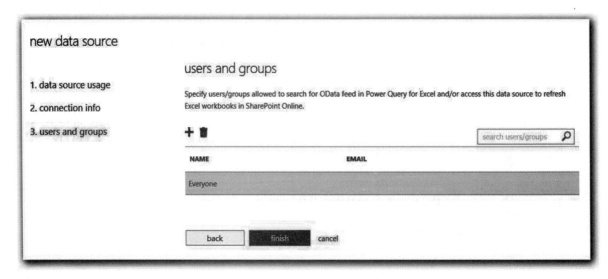

图 6 – 45　添加可使用该数据源的用户和用户组

Office 365 的仪表板工作簿，将拥有定期从吉姆的本地设备数据库刷新的源数据。

移动设备上的 Excel 工作簿

Contoso 通信公司的管理层对 Power BI 感到兴奋，因为允许用户使用 Windows 8 应用程序，与 Excel 中创建的工作簿进行交互。吉姆决定用一些提供的示例工作簿来测试该应用程序。他首先安装了来自 Windows 应用商店的 Power BI 应用。

图 6 – 46　Power BI Windows 8 应用程序

打开该应用程序的用户可以浏览上传到 Power BI 的任何工作簿。默认情况下，Power BI 应用程序已加载应用程序所附带的样例文件。

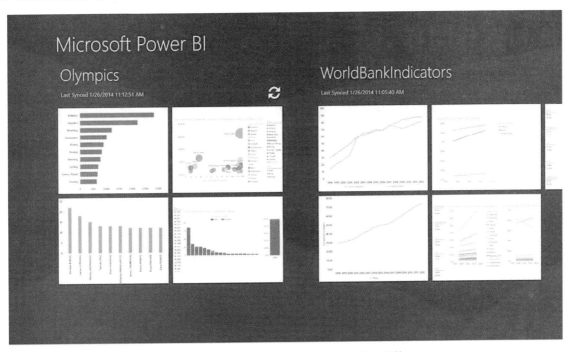

图 6 – 47　载入 Power BI 应用程序中的工作簿

Power BI 提示：收藏工作簿

通过选择 Power BI 网站工作簿旁边的省略号（…）并选择"收藏"，你就可以收藏工作簿。

图 6 – 48　收藏工作簿

现在，您将能够在"我的 Power BI"下方找到您收藏的全部工作簿：

图 6 – 49　我的 Power BI

在"我的 Power BI"中，你可以找到你收藏工作簿的全部列表：

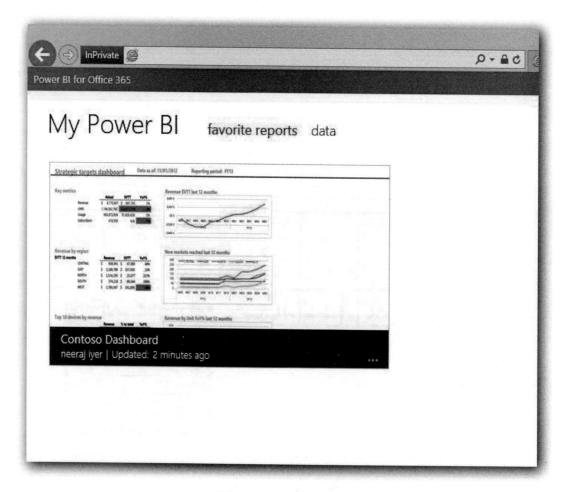

图 6 – 50　你收藏的工作簿

在选择 Power BI 应用程序中的工作簿时，打开一份完整的报告，你可以把它作为 Windows8 的应用来使用，就好像此应用程序是应用开发人员为你在本机运行而专门编写的一样。但实际上，该报告是在 Excel 中建立的！

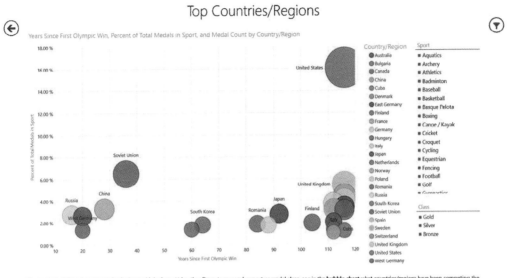

图 6－51 查看应用程序中的报告

为问题解答（Q&A）启用工作簿

吉姆读到 Power BI 有个问题解答功能，允许用户使用自然语言查询来找到自己数据中的答案。这一特性使得可先从一个问题开始，然后改进或扩展。在任何工作簿中启用 Q&A 都非常简单：只需选择 Power BI 网站工作簿旁边的省略号（...），然后选择"添加到 Q&A"。

图 6－52 启用 Q&A 工作簿

现在，Power BI 网站的所有用户都可以使用 Q&A 搜索来探索吉姆所创建的仪表板工作簿。尝试工作簿这方面以后，吉姆点击位于 Power BI 网站右上角的"用 Power BI Q&A 搜索"（Search with Power BI Q&A）。

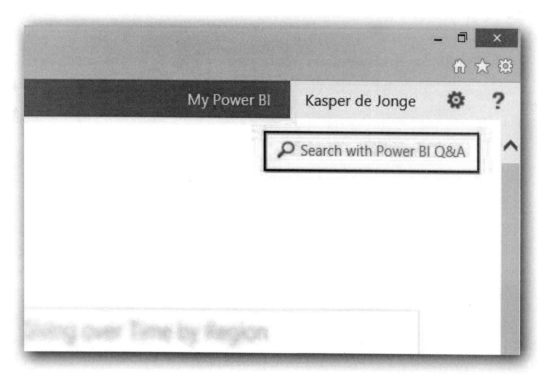

图 6 - 53　用 Power BI Q&A 搜索

吉姆现在可以在 Q&A 搜索页面键入问题。

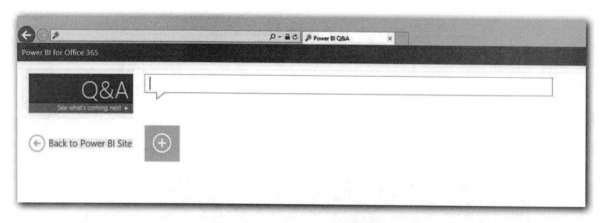

图 6 - 54　Power BI Q&A 搜索页面

当吉姆在搜索栏键入问题时，Power BI Q&A 自动使用 Excel 数据模型中的列和计算字段，并建议吉姆如何完成问题。

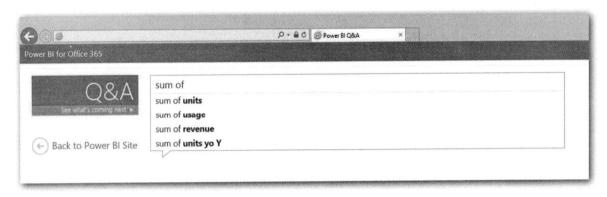

图 6 – 55　Q&A 给出有关如何完成问题的建议

吉姆从建议列表中选择收入总额，在结果中出现了答案。

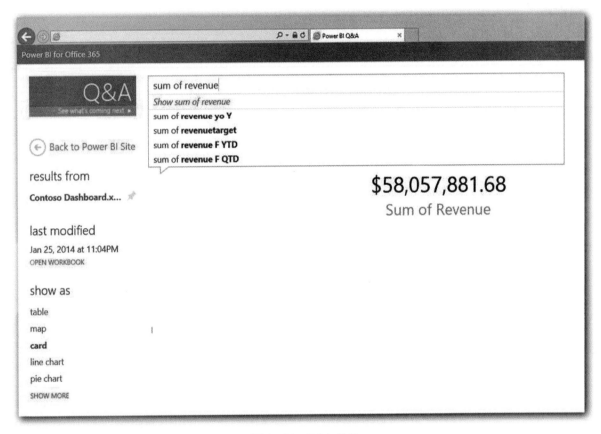

图 6 – 56　Q&A 结果

接下来，吉姆通过查询出按州名称划分的收入总额及目标收入来对结果进行细分。基于问题所返回的信息，Q&A 会自动显示出适当的数据可视化图表。

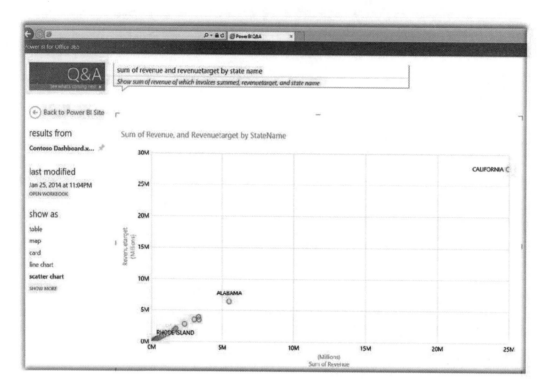

图 6 – 57 基于所显示数据的 Q&A 结果

吉姆想改变数据展现方式，所以他选择页面左侧的簇状柱形图。

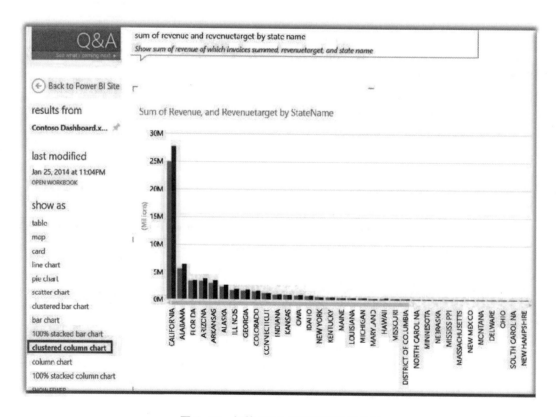

图 6 – 58 切换 Q&A 的数据可视化效果

Power BI 提示：优化 Q&A

您可以优化 Q&A，以通过添加更多语义信息来更好地搜索结果。欲了解更多信息，请参阅此帮助主题：http：//ppivot. us/QyUOu。

吉姆现在很满意，他就可以启动一项公司的"概念证明"试点 BI 项目，于是他开始邀请同事到 Power BI 网站来进行试用。

书目和推荐阅读

下列书籍提供了本书所讨论主题的更多详细信息。

有关 Power Pivot 和 DAX 方面的图书：

- Rob Collie，《Power Pivot DAX（数据分析表达式）公式：Excel 革命简要指南》，Holy Macro! 图书出版社（2012）

- 阿尔贝托·法拉利和马可·鲁索，《微软 Excel 2013：用 Power Pivot 建立数据》，微软出版社（2013），清华大学出版社（2014）

- 比尔·耶伦，《数据分析师的 Power Pivot 书：微软 Excel 2010》，Que 出版社（2010）

有关仪表板和数据可视化方面的图书：

- Stephen Few，《信息仪表板设计：一目了然地显示数据以供监测》，第二版，Analytics 出版社（2013 年）

- 爱德华·塔夫特，《定量信息的视觉化呈现》第 2 版，Graphics 出版社（2001）

- 爱德华·塔夫特，《美丽的证据》，Graphics 出版社（2006）

Power View 方面的图书：

- Brian Larson, Mark Davis, Dan English, and Paul Purington, Microsoft Power View, McGraw – Hill Osborne Media（2012）

Power Pivot for SharePoint 方面的图书：

- Harinath, Pihlgren and Lee, Professional MicrosoftPower Pivot for Excel and SharePoint, Wrox（2010）

- Warren, Teixeira Neto, Misner, Sanders, Helmers, Business Intelligence in Microsoft SharePoint 2013 Microsoft Press（2013）

以下是一些值得一试的 Power Pivot 博客：

- Rob Collie：http：//www. powerpivotpro. com

- Bill Jelen（MrExcel）：http：//www. mrexcel. com

- Marco Russo and Alberto Ferrari：http：//www. sqlbi. com

- Chandoo：http：//chandoo. org